Nicole Weber

DOG DANCING

Unter Mitarbeit von Heike Weber

Kosmos

Dog Dancing – Die Basics 5

Dog Dancing kennen lernen 22

Übungen und Figuren 42

Choreografien ▸ 96

Das Turnier-Reglement ▸ 110

Service ▸ 116

Professor Günter hat das Dog Dancing in den USA entdeckt und durch erste Artikel in diversen Hundezeitschriften in Deutschland vorgestellt.

Auf der Suche nach immer neuen Ausdrucksformen eines modernen, aufgeklärten, partnerschaftlichen Miteinanders zwischen Mensch und Hund wurde es vor wenigen Jahren entdeckt: Dog Dancing.

Dog Dancing eröffnet individuelle, kreative und in besonderer Weise befriedigende Gestaltungsformen für ein emanzipiertes Miteinander von Mensch und Hund. Der Hund ist hier nicht Mittel zum Zweck, nicht Medium zum Erzielen einer Leistung, nicht Dressur-Objekt; er ist weder Sportgerät noch Spielzeug. Dog Dancing ist die harmonische Verbindung von Athletik, Ästhetik, Persönlichkeitsdarstellung und partnerschaftlicher Kommunikation. Es ist musikalisch choreographierte Bewegungs- und Ausdruckssynchronie von Mensch und Hund. Die Fantasie des Menschen wird dabei nur begrenzt durch die Rücksichtnahme auf die Konstitution und das Temperament des Hundes. Entscheidend ist die totale Konzentration des Menschen und seines Hundes aufeinander – vollkommenes Bonding. Dog Dancing ist die Manifestation eines durch Respekt, Zuneigung und Vertrauen geprägten Miteinanders von Mensch und Hund, es ist Teamsport par excellence.

Heike und Nicole Weber verstehen es, die Grundlagen von Dog Dancing ansprechend und anschaulich zu vermitteln und Hundefreunde auf den Geschmack zu bringen. Ihre Begeisterung und ihre auf eigener praktischer Erfahrung gründende Sachkompetenz ist deutlich spürbar. Schritt für Schritt wird der Leser in die faszinierende Welt des Dog Dancing eingeführt – von der einfachen Basisübung über die Kombination verschiedener Elemente bis hin zum komplexen Figurenspiel. Das Buch zeigt eindrucksvoll, dass es in dieser neuen Form des Hundesports um mehr geht als um »Sitz, Platz, Fuß!« – nämlich um gemeinsamen Spaß am partnerschaftlichen Tun!
In diesem Sinne wünscht Ihnen viel Spaß beim Lesen und noch mehr Spaß bei der Umsetzung des Gelesenen mit Ihrem eigenen Hund,

Prof. Dr. Bernd Günter

Dog Dancing – Die Basics

Dog Dancing – Die Basics

Rangordnung zwischen Mensch und Hund

Hierbei ist die Rolle gemeint, die der Hund im menschlichen Rudel einnimmt. Wichtig ist, ganz gleich wie wir das Zusammenleben mit unserem Hund gestalten, dass wir vom Hund als Rudelführer anerkannt werden. Das bedeutet jedoch keinesfalls, dass der Rudelführer gewalttätig ist, wie es oft vermutet wird. Ein Rudelführer meistert seinen Alltag souverän und ohne Gewalt. Auf ihn ist Verlass, seine Sprache ist unmissverständlich und sein Handeln konsequent. All das signalisiert dem Hund Sicherheit. Für ihn ist es wichtig, seine Stellung im Rudel zu kennen. Nichts bringt die Rangordnung schneller durcheinander als ein inkonsequenter Mensch der heute etwas erlaubt, was er am nächsten Tag verbietet. Der Hund wird dadurch verunsichert und kann dieses Verhalten nicht zuordnen. Es kann passieren, dass er aus seiner Unsicherheit heraus – denn aus seiner Sicht ist das Rudel nach außen hin gefährdet – versucht, die Führung zu übernehmen, da sein Chef das offensichtlich nicht mehr leisten kann.

Damit der Hund sich im Menschenrudel wohl fühlt und weiß, wo sein Platz ist, müssen wir dafür sorgen, dass wir uns immer gleich verhalten, ob wir nun gerade mit ihm arbeiten oder nicht. Er muss sich in jeder Situation auf uns verlassen können. Wenn wir bereit sind, das zu respektieren, wird der Hund uns als Rudelführer anerkennen und uns bereitwillig folgen.

Hier ein paar Verhaltensregeln: Schon beim ersten Spaziergang mit dem Welpen lernt er, dass er mit uns geht und nicht wir mit ihm. Zerrt er an der Leine, bleiben wir stehen und signalisieren ihm: Wenn du ziehst, geht es nicht weiter; wenn du dich anschließt, gehen wir voran. Ein- und aussteigen aus dem Auto darf der Hund nur mit unserer Erlaubnis. Bei der Fütterung bestimmen wir, wann und wie viel der Hund frisst. Das heißt, dass wir seine Futterchüssel während des Fressens für kurze Zeit hochnehmen und sie ihm später wieder hinstellen.

Wir sind es, die dem Hund zeigen, wo er seine Hinterlassenschaften absetzen darf, und auch dabei demonstrieren wir ihm unsere Überlegenheit. Ebenso tragen die Gehorsamsübungen dazu bei, dass der Hund uns als Rudelchef anerkennt.

Wie Hunde lernen

Unsere Hunde lernen durch Verhaltensabläufe. Erweist sich ein bestimmtes Verhalten als angenehm, so wird es wiederholt. Löst das Verhalten jedoch etwas Unangenehmes aus, wird es in Zukunft gemieden. Wiederholen sich bestimmte Verhaltensweisen sehr oft, findet eine positive oder negative Verknüpfung im Gehirn des Hundes statt. Man bezeichnet diese Verknüpfung auch als konditionierte Reaktion.

Bedenken Sie, dass Hunde – genau wie Menschen – unterschiedlich schnell lernen. Sie benötigen Tage, Wochen und manche sogar Monate, um eine konditionelle Reaktion zu entwickeln. Bei der Ausbildung bestimmt der Hund durch seine Lernfähigkeit das Tempo, in dem wir vorgehen. Wenn wir ihn nicht überfordern, wird die Ausbildung unseres Vierbeiners zu einem freudigen Erlebnis für uns beide werden.

▸ Beispiel für die positive Verknüpfung

Wir halten dem Hund ein Leckerchen vor die Nase und führen es langsam über seinen Kopf nach hinten. Setzt sich der Hund, so erfolgt sofort das Kommando »Sitz«; er wird gelobt und darf das Leckerchen fressen. Wenn wir diese Übung oft genug wiederholen, verknüpft der Hund, dass er, wenn er sich hinsetzt, gelobt und belohnt wird. Er hat gelernt, dass es sich für ihn lohnt, den »Sitz«-Befehl zu befolgen. Je abwechslungsreicher wir die positive Verstärkung gestalten, desto effektiver ist sie.

Dieser Hund macht gern »Sitz«, denn er wird mit Lob und Leckerchen belohnt.

Trainingstipps

Ein paar Regeln sollten beim Training stets eingehalten werden:

- Vor dem Arbeiten sollte der Hund nicht gefüttert werden. Ein voller Magen macht Mensch und Hund faul und schläfrig.

- Vor der Arbeit sollte der Hund die Möglichkeit bekommen, sich zu lösen. Es wird ihm schwer fallen, sich mit einer vollen Blase oder einem vollem Darm zu konzentrieren.

- Vor dem Training sollte man sich überlegen, was man üben möchte. Trainieren Sie nur das Geplante, in kleinen Übungsschritten, damit der Hund nicht durcheinander kommt.

- Überfordern Sie Ihren Hund nicht. Kurze, aber regelmäßige Übungseinheiten, gestaffelt in kleine Schritte, führen eher zum Erfolg als seltene lange Übungen.

- Arbeiten Sie am Anfang ohne Ablenkung. Ablenkung ist wichtig, aber erst, wenn die Übungen gefestigt sind.

- Üben und festigen Sie jedes Kommando über einen längeren Zeitraum. Ein Kommando ist gefestigt, wenn es ungefähr 500-mal über einen längeren Zeitraum wiederholt und durchgeführt wurde.

- Konditionieren Sie Ihren Hund auf Futter, Spielzeug oder Clicker. Dadurch erreichen Sie ein vorhersehbares Verhalten auf einen Reiz oder ein Signal (Clicker, Futter, Spielzeug). Ein erzogener Hund reagiert zuverlässig und zeigt die von uns gewünschten konditionierten Reaktionen. (Im Kapitel: »Wichtige Ausrüstung« erkläen wir unter dem Punkt »Clicker« (S. 35), wie man den Hund konditionieren kann.)

- Überzeugen Sie Ihren Hund davon, dass das Training Spiel und Spaß bedeutet. Bauen Sie das Training spielerisch auf und integrieren Sie kurze Spielpausen. Nach dem Training passiert nichts Interessantes mehr für den Hund.

- Spielen Sie zwischen den Übungen mit Ihrem Hund, denn ein kurzes Spiel zwischendurch motiviert Mensch und Hund.

- Lassen Sie bei Lustlosigkeit oder Krankheit von Hund oder Besitzer das Training lieber ausfallen. Wenn man von Vornherein absehen kann, dass das Üben erfolglos bleibt, ist ein Verzicht sinnvoll.

- Ein guter Trainer arbeitet freudig mit seinem Hund und schafft es, ihn zu motivieren, ohne ihn zu überfordern.

- Beenden Sie die Arbeit immer mit einer Erfolgsübung. Wir geben unserem Hund nach der letzten Übung zu verstehen, dass die Arbeit (Spielstunde) nun beendet ist.

Die negative Verknüpfung

Der Hund sieht Tiere auf einer Weide und möchte gern hinlaufen. Der Weidezaun steht unter Strom. Er berührt nun den Zaun und bekommt einen Stromschlag. Im selben Moment schaut er zu den Tieren auf der Weide. Nun passiert im Kopf des Hundes wahrscheinlich Folgendes: Wenn er Tiere sieht – nehmen wir an, es handelt sich um Pferde –, verursacht ihm das Schmerzen. Der Hund hat nun verknüpft: Pferde verursachen Schmerzen. Das nennt man eine negative Verknüpfung.

Es gibt zwei Möglichkeiten, wie er künftig reagieren wird. Erstens: Er meidet Pferde. Zweitens: Er greift sie an.

Beide Verknüpfungen haben eine Änderung des zukünftigen Verhaltens zur Folge. Bei der Hundeausbildung wollen wir die positive Verknüpfung nutzen. Auch beim Clickertraining geht es um die positive Verknüpfung bzw. Verstärkung. Der Hund lernt, dass nach jedem Click (ein Click heißt ein Versprechen auf Futter) ein Leckerchen folgt.

Pferde sind zu Beginn für den Hund neutral. Je nach Erfahrung wird er positive oder negative Eigenschaften mit ihnen verknüpfen.

Spielen

Sanftes Spiel

Viele Verhaltensregeln für das spätere Leben lernt der Welpe im Spiel, sei es von den Geschwistern, der Mutter oder den Menschen. Beißt er beispielsweise seinen Bruder ins Ohr, wird dieser jaulen. Lässt er nicht los, wird sich der andere wehren und ihm in die Pfote beißen. Das tut weh und er lässt das Ohr los. Beim nächsten Mal wird er das Ohr schon beim Jaulen loslassen, damit die Erfahrung »Schmerz in der Pfote« ausbleibt.

Es ist wichtig, dass der Hund im Spiel das Richtige lernt. Junge Hunde beißen gern in Finger, Hände oder Arme. Wir signalisieren ihnen, indem wir sofort das Spiel unterbrechen, dass das nicht in Ordnung ist, und bieten anstelle unserer Körperteile ein Spielzeug an. Anschließend spielen wir ausgiebig mit ihnen.

Gewinner und Verlierer

Bei Hunden sind Zerrspiele sehr beliebt. Wichtig ist, dass der Hund das Spielzeug ab und zu erbeuten darf. Es macht weder dem Hund Spaß, wenn er nie die Beute erobern darf, noch uns, wenn er ständig mit seinem Spielzeug davonläuft und wir hinterherrennen müssen.

Ist Ihr Hund ein eifriger Tänzer, werden ihn kleine Tanzeinlagen auf Ihren Spaziergängen begeistern. Heike und BJ haben Kriechen mit Rollen kombiniert und in ihren Spaziergang eingeflochten.

Daher ist es sinnvoll, ihm von Anfang an anzugewöhnen, dass er uns sein Spielzeug bringt. Wir motivieren ihn dazu, indem wir vom Hund weglaufen oder ihn beim Spielen an der Leine haben.

Jeder Hund sollte lernen, sein Spielzeug abzugeben. Das erreichen wir durch den so genannten Beutetausch, in dem wir ihm einen Ersatz in Form eines Leckerchens oder eines anderen Spielzeugs anbieten. Gibt er aus, wird er ausgiebig gelobt.

▸ Aufgeweckte Hundespiele

Suchspiele fördern die Aufmerksamkeit und dienen der besseren Kontrolle unseres Hundes. Dazu verstecken wir sein Lieblingsspielzeug, das er anschließend suchen und bringen darf.

Ebenso können wir unseren Hund mit dem Clicker zum Denken anregen – vorausgesetzt, er ist bereits auf den Clicker konditioniert. Wir warten, was er uns anbietet.

Seien Sie noch spannender als Ihre Umwelt – dann wird Ihr Hund gern zu Ihnen zurückkommen ...

Ein Beispiel: Setzt er sich, erfolgt ein Click und wir werfen dem Hund ein Leckerchen zu. Setzt er sich wieder, clicken wir abermals. Wieder hatte er Erfolg. Jetzt wird der Hund verknüpfen: Wenn er sich setzt, erhält er eine Belohnung. Doch setzt er sich zum fünften Mal, clicken wir dieses Mal nicht und warten ab. Zuerst wird er sich wundern, doch dann steht er auf oder er legt sich in die »Platz«-Position. Egal was er Neues zeigt, wir clicken. So erhält er auch bei »Platz« oder »Steh« eine Belohnung. Mit der Zeit wird er von sich aus mehr und mehr anbieten und lernt dadurch ohne Druck und Kommando selbstständig verschiedene Dinge. Der Hund sollte allerdings immer eine Bestätigung erhalten in dem, was er tut. Dieses Spiel wird als »Freetime« (Freizeit) für den Hund bezeichnet.

Spaziergänge

▸ Ungeteiltes Hundevergnügen

Häufig kommt es vor, dass Hunde anfangen, sich beim Spazieren gehen für Dinge zu interessieren, die nicht gerade erwünscht sind. Zum Beispiel erkunden sie auf eigene Faust die Gegend, und wenn ein Hase vor ihnen aufspringt, vergessen die meisten Hunde alles und finden dieses neu entdeckte Spiel »Hase hetzen« fantastisch. Hundehalter hingegen, die Angst haben, dass der Hund vor ein Auto läuft oder von Jägern erschossen wird, können die Begeisterung nicht gerade teilen und müssen nicht selten bis zu einer halben Stunde ausharren, bis der Hund sein Vergnügen abbricht und zu ihnen zurückkommt. Am liebsten würde man seinem Ärger Luft machen, aber wenn der Hund zurückkommt, soll er freudig kommen und keine Angst vor uns haben. Also dürfen wir niemals mit einem herankommenden Hund schimpfen.

▸ Tolle Beschäftigungen für unterwegs

Solchen unangenehmen Erlebnissen können wir entgehen, indem wir auf unseren Spaziergängen interessante

... besonders, wenn es anschließend ein Leckerchen oder ein tolles Spiel gibt.

Beschäftigungen anbieten. Ballspiele dienen beispielsweise als willkommener Jagdersatz. Hinter dem Ball darf der Hund gern stundenlang herhetzen, an ihm zerren, beuteln und schütteln.

Die Ballspiele können beliebig variiert werden, sodass der Hund nicht nur hinterherrennt, sondern auch ein wenig überlegen und auf uns achten muss. Nachdem wir den Ball zweimal geworfen haben, deuten wir den Wurf nur an. Der Hund wird in den meisten Fällen schon beim Ansatz eines Wurfes voranlaufen, damit er den Ball schnell genug bekommt. Sobald er merkt, dass er nichts findet, wird er sich fragend umsehen. Diese Situation nützen wir, indem wir ihm ein Kommando wie beispielsweise »Platz« geben. Legt er sich, loben wir ihn und werfen gleichzeitig den Ball über ihn hinweg.

Möchten wir, dass er schnell zu uns zurückkehrt, gibt es auch hierzu ein Spiel. Das funktioniert folgendermaßen: Wir täuschen wieder einen Ballwurf an, behalten den Ball jedoch in der Hand. Der Hund läuft voraus. Anschließend rufen wie seinen Namen, damit er sich zu uns umdreht. Sobald er uns ansieht, erfolgt das Kommando »Zurück«. Gleichzeitig zeigen wir ihm den Ball und veranlassen ihn dadurch, so schnell wie möglich zu uns zurückzukommen. Hat er uns erreicht, loben wir ihn ausgiebig und er bekommt den Ball. Es ist sinnvoll, dass der Hund das Kommando »Zurück« lernt, da man es im Alltag und im Sport oft benötigt.

Der Hund sitzt an unserer Fußseite, wir geben das Kommando »Bleib« und werfen den Ball. Er darf ihn erst holen, wenn er ein entsprechendes Kommando bekommt. Macht er alles richtig und bringt den Ball zurück, spielen wir mit ihm an unserem Standort. Dieses Mal braucht er nicht hinter dem Ball herzuflitzen, da wir ihm den Ball direkt in den Fang werfen.

Eine weitere Steigerung dieser Übung erhalten wir, indem wir den

Hund nicht zum Ball laufen lassen. Wir geben das Kommando »Bleib« und gehen nun selbst zum Ball und heben ihn auf. Bleibt unser Hund brav sitzen und wartet ab, werfen wir ihm zur Belohnung den Ball zu.

Durch solche Spiele bleibt der Hund während des Spaziergangs aufmerksam und wird sich mehr und mehr auf uns konzentrieren.

Spielend lernen

Beobachten Sie Ihren Hund ganz genau. Zeigt er ein Verhalten, das Sie fördern möchten, wie zum Beispiel das Strecken (Verbeugen) nach dem Aufstehen, geben Sie, wenn er diese Bewegung zeigt, das entsprechende Kommando dazu, wie zum Beispiel: »Verbeugen« oder »Diener«. Es ist nicht wichtig, welches Wort wir benutzen, es muss nur stets dasselbe sein. Anschließend wird der Hund gelobt und bekommt ein Leckerchen.

Hunde heben auch oft aus eigenem Antrieb eine Pfote hoch, um ein Spielzeug oder ein Häppchen aus der geschlossenen Hand zu erhalten. Zeigt der Hund dieses Verhalten, geben wir das Kommando » Pfötchen«. Gleichzeitig erhält er seine Belohnung.

Führt der Hund nur für einen kurzen Moment eine Übung aus, loben und spielen wir mit ihm. Mit der Zeit können wir alle Übungen verlängern. Auf diese Weise wird er

Spielregeln

- ☐ Nur mit ungefährlichem Spielzeug spielen (Stöcke können splittern und zu gefährlichen Verletzungen führen).
- ☐ Gestalten Sie Ihr Spiel abwechslungsreich.
- ☐ Fördern Sie beim Spiel die Konzentrationsfähigkeit des Hundes.
- ☐ Spielen Sie auch unter Ablenkung.
- ☐ Setzen Sie die Spielbelohnung bei der Erziehung ein.
- ☐ Belohnen Sie gewünschtes Verhalten mit Lieblingsspielzeug.
- ☐ Spielzeug, mit dem Sie mit Ihrem Hund spielen, gehört nicht in die Spielzeugkiste. Es sollte etwas Besonderes bleiben.
- ☐ Erlauben Sie Ihrem Hund während des Spiels nicht, an der Kleidung zu ziehen oder in Hände, Arme oder Beine zu beißen.
- ☐ Brechen Sie das Spiel ab, wenn Ihr Hund außer Kontrolle gerät.
- ☐ Spielen Sie keine Kampfspiele mit Ihrem Hund.

voller Erwartung und Freude der nächsten Übung entgegenfiebern. Hat er die Übungen mit Leckerchen und Spielzeug richtig gelernt, müssen wir nicht mehr ständig für jede ausgeführte Übung Spielzeug oder Leckerchen anbieten. Auch durch ein Lob bleiben uns diese Übungen erhalten. Natürlich sollte man zwischendurch eine gefestigte Übung genau wie in den Anfängen mit Leckerchen oder Spielzeug bestätigen. Dadurch erhalten wir die Aufmerksamkeit des Hundes. Neu hinzukommende Übungen werden stets mit Futter oder Spielzeug – wie bereits beschrieben – aufgebaut.

Lob zur rechten Zeit

Zeigt der Hund das erwünschte Verhalten, folgt unmittelbar das Lob mit der Stimme, wie zum Beispiel: »Brav«, »Guter Hund«, »Super«. Grundsätzlich wirkt eine hohe Stimme anregend und eine tiefe Stimme beruhigend. Daher ist es besser, mit hoher Stimme ausgiebig zu loben. Zusätzlich kann ein Leckerchen oder Spielzeug gegeben werden. Bei Futter und Spielzeug besteht die Möglichkeit, dass der Hund anfängt, nur für dieses und nicht mehr für den Menschen zu arbeiten, daher sollte es nicht grundsätzlich, sondern im Wechsel verwendet werden. Einige Hunde nehmen beim Arbeiten weder Futter noch Spielzeug. Es genügt ihnen, wenn man sie streichelt. Dabei sollte man darauf achten, ein verbales Lob einzusetzen. Zu einem späteren Zeitpunkt erfolgt das Prinzip der variablen Belohnung. Das heißt für den Hund, dass er nie genau weiß, wann er seine Belohnung erhält. Anfangs bekommt er ziemlich oft sein Leckerchen. So helfen wir ihm, dass er das von uns gewünschte Verhalten zeigt und durch das Leckerchen als angenehm empfindet. Beherrscht er eine Übung, ist

Loben motiviert! Nach Leckerchen, Streicheleinheiten und einem freundlichen »Brav« bleibt die Übung in positiver Erinnerung.

Die verschiedenen Möglichkeiten seinen Hund zu belohnen

- Stimme: »Brav«, »Guter Hund«, »Fein«
- Futter: kleine, weiche Leckerchen, die der Hund schnell schlucken kann z. B. gekochtes Fleisch, Wurst, Käse, Stückchen von Kaustreifen oder Selbstgebackenes
- Spielzeug: weicher Gummiball, kleines Quietschtier, kleine Kordel usw.
- Streicheln
- Clickern

Selbst gebackene Leckerchen

Hundeplätzchen ohne Fleisch

4 Tassen Mehl
150 g Margarine
2 Bananen gequetscht
2 Tassen Haferflocken
$^1/_2$ Tasse Milchpulver
1 Teelöffel Öl, 1 Prise Salz
2 Eier, (1 Tasse Wasser)

- Zutaten mit dem Knethaken verrühren und $^1/_2$ Stunde kühl stellen.
- Kleine Würstchen formen und in Scheiben schneiden oder kleine Kugeln formen.
- im Backofen ca. $^1/_2$–1 Stunde bei 150°C backen.
- Im geschlossenen Ofen auskühlen lassen.
- Diese Hundekekse sind sehr schmackhaft und können auch von den Hundeführern gegessen werden.

Hundekekse mit Möhren

770 g Mehl
225 g Haferflocken
110 g Hefeflocken
1 EL Knoblauchpulver oder frische gehackte Knoblauchzehen
1 EL getrocknete Petersilie oder 25 g frische Petersilie
$^1/_2$ TL Salz
2 EL Kalziumkarbonat
1 kleine geraspelte Karotte
55 ml Pflanzenöl

- Die trockenen Zutaten mischen. Das Öl, die Karotte und ca. 3 Tassen Wasser dazugeben. Zu einem geschmeidigen Teig verarbeiten.
- Teig ausrollen und kleine Rechtecke ausschneiden.
- Bei 180° C 10–15 Minuten backen. Temperatur auf 70 ° C zurückschalten und Kekse im Ofen lassen, bis sie hart und knusprig sind.

»Wer hat da geclickt?«

es nicht mehr nötig, ihn jedes Mal zu belohnen. Hören wir nicht damit auf, jede Handlung unseres Hundes zu belohnen, sind wir in naher Zukunft nur noch wandelnde Futterautomaten für ihn, aber auch genauso uninteressant wie diese. Das ist jedoch nicht das Ziel: Für unseren Hund sollten wir die interessanteste Person der Welt sein. Also belohnen wir ihn nicht mehr jedes Mal, sondern immer seltener und nach dem Zufallsprinzip. So weiß er nie im Voraus, wann und welche Belohnung kommt. Wir dürfen dabei nicht berechenbar sein. Das Ziel ist, dass wir bei der Vorführung eines Tanzes von Anfang bis Ende einen aufmerksamen Hund an unserer Seite haben, den wir erst nach getaner Arbeit belohnen.

Der Clicker – Knackfrosch mit Effekt

Beim Clicker handelt es sich um einen Knackfrosch, wie ihn viele noch aus ihrer Kindheit kennen.
Zuerst wird der Hund auf das Geräusch konditioniert. Dazu stehen wir vor ihm und halten den Clicker in der einen Hand und das Futter in der anderen. Nach jedem Click bekommt der Hund ein Leckerchen. Nach einigen Clicks hat er verstanden, dass auf den Click ein Leckerchen folgt und verknüpft das Knacken des Clickers mit etwas Angenehmen. Nun können wir den Clicker als Belohnung einsetzen. Zeigt unser Hund das gewünschte Verhalten, dann – und nur dann – erfolgt sofort ein Click. Unerwünschtes Verhalten wird nicht bestraft, sondern ignoriert.

Vorderkörpertiefstellung und Schnauzenstoß. – Bei dieser vehementen Spielaufforderung kann selbst die gelassene Dogge nicht widerstehen ...

Ausdrucksstarke Körpersprache

Die Körpersprache ist für Hunde ein sehr wichtiges Verständigungsmittel. Da sie nicht sprechen lernen können, verlassen sie sich auf ihre Fähigkeit, unsere Körpersprache zu lesen. Wir müssen daher den Bewegungsablauf zu jeder einzelnen Übung gut überlegen. Der Hund beobachtet uns genau, er registriert kleinste Bewegungen, auch solche, die uns nicht bewusst sind. Bei der Hundeausbildung ist es wichtig, sich der Nachrichten bewusst zu sein, die man durch die Körpersprache übermittelt. Diese Signale werden zuerst gelesen. Oftmals verstehen wir den Grund für das falsche Ausführen ei-

nes Kommandos nicht, denn wir hatten ja das richtige Hörzeichen genannt. Doch wenn unser Körper ein anderes Signal gezeigt hat, wird das Hörzeichen für den Hund nebensächlich und er führt das aus, was unser Körper gesagt hat. Daher ist es wichtig, dass wir stets auf unsere Körperhaltung achten. Wenn wir zum Beispiel mit dem Hund schimpfen und uns dabei gleichzeitig ein Lachen verkneifen müssen,

weil es so niedlich aussieht, wie er auf dem Tisch steht und das Essen vom Teller schleckt, wird er uns nicht ernst nehmen und es wieder versuchen. Also sollten auch unsere Haltung und unser Blick ein »Pfui« ausdrücken. Wenn wir klare Signale senden, erspart das unendlich viele Missverständnisse und Zeit bei der Erziehung.

Aber auch Hunde senden Signale und wir sollten uns bemühen, diese zu verstehen. Denn eine Kommunikation mit dem Hund kann nur funktionieren, wenn beide die Körpersignale des anderen verstehen.

Hier einige Beispiele aus der Köpersprache des Hundes:

- Der Hund läuft geduckt und mit eingezogener Rute: Damit drückt er Unterwürfigkeit und Angst aus.
- Schwanzwedeln: Ein Ausdruck von Freude. Öffnet er dabei noch

... und tobt eifrig mit.

den Fang oder geht mit dem Oberköper nach unten und streckt die Vorderbeine vor, möchte er gern spielen. Nimmt er eine steife Haltung ein, signalisiert er Aufregung. Wackelt nur die Schwanzspitze, bedeutet dies Unsicherheit.

- Pfötchen geben: Das ist ein Überbleibsel des Milchtrittes beim Welpen. Es drückt sowohl eine Unterwerfungsgeste als auch eine freundliche Aufforderung zum Streicheln oder Spielen aus. Sagen wir jedes Mal, wenn der Hund uns seine Pfote reicht, »Pfötchen« dazu, wird er schnell lernen, was das Wort bedeutet, und er wird zukünftig auf Kommando »Pfötchen« geben.
- T-Stellung: Unser Hund legt einem anderen den Kopf quer über den Rücken. Damit signalisiert er dem unteren Hund seine dominante Position.
- Bürste über den Rücken: Stellt der Hund auf der Wirbelsäule die Haare zu Berge, bedeutet das, dass er angespannt ist. Ein steifer Gang, dazu aufgerichtete Ohren, die Bürste über den Rücken und eine emporgehaltene Rute signalisieren dem Gegner, dass er einen ärgerlichen Hund vor sich hat, den er besser in Ruhe lässt.
- Besteigen: Abgesehen vom Fortpflanzungstrieb besteigen sich auch Rüden oder Hündinnen untereinander. Damit demonstrieren sie dem bestiegenen Hund ihre Dominanz. Während Hunde das untereinander austragen sollten, darf man das Besteigen eines Menschen niemals dulden.
- Rückenlage: Legt sich der Hund freiwillig auf den Rücken und bietet seinen Bauch seinem Gegenüber dar, zeigt er damit, dass er sich unterwirft. Junge Hunde nehmen diese Stellung häufig bei älteren, dominanteren Hunden ein. Ein Hund in dieser Stellung wird nicht bestraft, da er seine Lektion gelernt hat.

Körpersprache ist auch beim Tanzen wichtig, damit Sie verstehen, was Ihr Hund Ihnen signalisiert und umgekehrt.

Das waren nur einige Beispiele aus der Hundesprache. Denken Sie bei der Erziehung daran, dass Sie einen Hund vor sich haben. Er macht sich nicht absichtlich über Sie lustig oder möchte Sie an der Nase herumführen. Er möchte auch nicht verletzen. Er ist nicht böse oder bockig, er ist ein Hund und er handelt wie ein Hund. Wenn etwas nicht funktioniert, sollten Sie den Fehler unbedingt bei sich selbst suchen und analysieren, warum er es nicht verstanden hat. Bleiben Sie immer geduldig und konsequent.

Bindung aufbauen

Die Bindung zwischen Hund und Mensch ist der Schlüssel zu einem großartigen Zusammenleben. Das bedeutet, dass wir seine Liebe und sein Vertrauen gewinnen müssen. Das ist im Welpenalter recht einfach und macht Spaß. Dazu gehören auch regelmäßiges Füttern und die Pflege. Nehmen Sie sich Zeit beim Bürsten und machen Sie es ihm möglichst angenehm. Lässt er sich brav bürsten, wird er gelobt und bekommt ein Leckerchen. Dabei kontrollieren Sie auch seine Zähne und auch hier erhält er seine Belohnung in Form von Streicheln, Loben und Füttern.

Große Bindung erhalten wir auch durch das Spazierengehen. Dabei zeigen wir dem Hund, dass es bei uns immer angenehm ist. Auch wenn er mal nicht sofort kommt, wenn wir ihn rufen, erhält er doch sein Lob, sobald er sich besinnt und zu uns kommt. Das Spielen fördert die Bindung von Mensch und Hund ganz besonders, denn es macht beiden Spaß. Zusätzliche Beschäftigung stärkt das Zusammengehörigkeitsgefühl. Wenn wir das Vertrauen unseres Hundes gewinnen und eine feste Bindung zu ihm herstellen konnten, haben wir die beste Grundlage für eine erfolgreiche Hundeausbildung geschaffen.

Yashico und Nicole verstehen sich prima. Die Berner Sennenhündin hat nur Augen für ihr Frauchen.

Dog Dancing kennen lernen

Dog Dancing kennen lernen

Geschichte des Dog Dancing und Heelwork to music

1989 stellte Dawn Jecs, eine Hundetrainerin aus Washington State, einer breiten Öffentlichkeit ihre bis dahin fast einzigartige musikalische Erziehungsmethode für Hunde vor. Das Publikum war überwältigt, welche Freude die Hunde beim Laufen zur Musik zeigten.

Nur ein Jahr später, 1990, zeigte die erfolgreiche britische Hundesportlerin Mary Ray auf der größten englischen Hundeausstellung, der »Crufts«, im Rahmenprogramm eine Vorführung in »Heelwork to music« (Gehorsamsübungen mit musikalischer Begleitung).

1991 sah man im kanadischen Vancouver die Dressurreiterin Tina Martin mit ihrem Hund in einer Dressurkür auf einer Pferdesportveranstaltung. Noch im gleichen Jahr wurde in Kanada die erste Organisation gegründet, die sich mit »Freestyle« beschäftigte.

Der Durchbruch in Amerika kam 1995 mit der Gründung der Canine Freestyle Federation (CFF) durch Joan Tennille und Alison Jaskiewicz.

1996 wurde in Großbritannien der erste »Heelwork to music«-Wettkampf mit bereits 24 Teams durchgeführt.

Zur gleichen Zeit erschienen in der deutschen Fachzeitschrift »Der Hund« unter dem Titel: »Freestyle Obedience – der neueste Trend im amerikanischen Hundesport«, und in der Schweizer Fachzeitschrift »Schweizer Hunde Magazin« unter dem Titel: »Freestyle – das neue Zauberwort im Hundesport«, die ersten Artikel über Dog Dancing. Der Verfasser Prof. Dr. Bernd Günter hatte die neue Sportart in Amerika kennen und lieben gelernt.

In der Folge begann Angela Schmid, eine Obedience-Richterin

aus der Schweiz, sich für diese Art, mit dem Hund zu arbeiten, zu interessieren. Das war der Beginn von Dog Dancing in der Schweiz. Sie gründete bereits 1999 den ersten Verein und im Jahr 2000 veranstaltete dieser Verein das erste internationale Dog Dancing-Turnier auf dem Festland mit insgesamt 30 gemeldeten Teams aus der Schweiz, Deutschland und den Niederlanden. Etwa zur gleichen Zeit fanden in Belgien und den Niederlanden ebenfalls die ersten Wettkämpfe statt.

1998 erlernte die Österreicherin Manuela Nassek die neue Sportart von dem englischen Ausbilder John Gilbert und bereits ein Jahr später 1999 präsentierte sie »Heelwork to music« zum ersten Mal in Österreich, auf der Bundessiegerzuchtschau. Ebenfalls 1999 folgte in Deutschland die erste Demonstration in Dog Dancing auf der Agility-Weltmeisterschaft in Dortmund vor internationalem Publikum durch Nicole Weber.

▸ Eine neue Sportart war geboren

Freestyle oder, wie es in England genannt wird, »Heelwork to music« macht Spaß und tut Hund und Hundeführer gleichermaßen gut.

Seither sind Vorführungen und Seminare an der Tagesordnung. In verschiedenen Ländern werden bereits Wettkämpfe angeboten. Auch in Deutschland bieten immer mehr Hundesportvereine ihren Mitgliedern diese neue Sportart an.

Die Bewegungsharmonie von Mensch und Hund bei Dog Dancing ist faszinierend. Hinzu kommt, dass jeder individuell auf seinen Hund und dessen Veranlagung eingehen kann und somit seinen vierbeinigen Freund besser kennen lernt.

Wir sind sicher, dass Dog Dancing in Deutschland eine Zukunft hat. Es gibt bereits viele, die diese Sportart betreiben, und es werden ständig mehr. Doch wie bei allen anderen Sportarten dauert es in Deutschland immer etwas länger, bis sich dieser Hundesport etablieren kann. Nachdem Obedience bei uns eingezogen ist und anerkannt wur-

Beiden ist deutlich anzusehen, dass ihnen Dog Dancing sehr viel Spaß macht.

Die wenigsten Jagdhunde dürfen heute noch zur Jagd ...

de, wird es sicher in naher Zukunft auch Dog Dancing als offizielle Hunde-Sportart geben. Mit etwas Anleitung kann man Dog Dancing auch gut zu Hause trainieren.

Lust auf Dog Dancing?

Haben Sie Lust auf Dog Dancing bekommen? Sie möchten gern, dass die Arbeit mit dem Hund Spaß macht? Der herkömmliche Hundesport war bislang nicht das Richtige oder ausreichend für Sie? Dann beginnen Sie doch das Tanztraining, das bereits viele Menschen und Hunde auf der ganzen Welt begeistert. Dog Dancing bietet Ihnen die Möglichkeit, Ihre Freizeit fantasievoll mit Ihrem Hund zu gestalten.

Bei dieser Form der Unterordnung ist vor allem die Kommunikationsfähigkeit zwischen Hund und Hundeführer gefragt. Die herkömmlichen Kommandos können mit allen Kunststückchen, zu denen der Hund fähig ist, ergänzt werden. Wichtig sind eine gute Bindung und ein harmonisches Miteinander von Hund und Hundeführer. Viele Verhaltensauffälligkeiten beim Hund entstehen durch Langeweile des Hundes und Unverständnis des Menschen. Dog Dancing hilft Ihnen, Ihren vierbeinigen Freund auf vergnügliche Weise kennen und besser verstehen zu lernen. Gleichzeitig stärkt es die Bindung zwischen Mensch und Hund. Wie Sie Ihren vierbeinigen Freund dazu bewegen können, mit Ihnen zu tanzen, werden wir Ihnen Schritt für Schritt erklären und anhand zahlreicher Fotos demonstrieren.

Warum Dog Dancing?

Dog Dancing ist eine schöne Art, sich mit seinem Hund zu beschäftigen. Der Mensch lernt, den Hund zu beobachten, besser zu verstehen und ihm das Tanzen beizubringen und fördert die Bindung.

... und die meisten Hütehunde müssen auf eine Schafherde verzichten.

▸ Dog Dancing und seine Vorteile

Dog Dancing, »Freestyle Obedience« oder »Heelwork to music«, wie es in anderen Ländern genannt wird, ist eine Freizeitbeschäftigung für Mensch und Hund. Es macht Spaß, trägt zum gegenseitigen Verständnis von Mensch und Hund bei und hat sehr viele andere Vorteile.

Viele Hunderassen können für die Arbeit, für die sie gezüchtet wurden, nicht eingesetzt werden, da es nicht mehr genügend Einsatzmöglichkeiten gibt. Das betrifft Jagdhunde ebenso wie Hütehunde oder Wachhunde. Hunde brauchen jedoch eine sinnvolle Beschäftigung, und zwar am liebsten zusammen mit ihren Menschen.

Beim Tanzen werden dem Hund Elemente beigebracht, die er uns größtenteils von sich aus zeigt. Jeder Hund kann rückwärts gehen und sich um seine eigene Achse drehen. Die meisten strecken sich nach dem Aufstehen – ein Verbeugen – und zeigen noch vieles mehr im Hundealltag. Unsere Aufgabe ist es, diese Elemente zu erkennen, sie zu benennen und zu festigen. Durch die Beschäftigung mit dem Hund stärken wir gleichzeitig die Bindung zueinander.

Diese Sportart lässt sich überall und bei jedem Wetter durchführen, zum Beispiel im Wohnzimmer, auf der Wiese, auf einem Parkplatz oder auf dem Hundeplatz.

Hofhunde, wie der Spitz, der einst zum Bewachen von Hab und Gut diente, sind heute meist arbeitslos und brauchen dringend eine sinnvolle Beschäftigungsalternative – wie beispielsweise Dog Dancing.

Der richtige Tanzpartner

Jeder gesunde Hund ist für Dog Dancing geeignet. Es gibt so viele verschiedene Übungen, dass für jeden Hund das Passende dabei ist. Ein großer Hund sollte zum Beispiel nicht über den Rücken rollen (wegen der Gefahr der Magendrehung bei großen Rassen). Und wenn er wegen seiner Größe nicht zwischen den Beinen gehen kann, dann versuchen wir es mit dem »Kriechen zwischen den Beinen«. Ein kleiner Hund hingegen sollte nicht in die Arme springen.

Auch die Auswahl der Musik können wir auf den Hund abstimmen: Hat er eine langsame Grundgeschwindigkeit, dann wähle ich eine langsame Musik aus. Da wir uns bei dieser Sportart auf unseren Vierbeiner einstellen, sind auch die Hunde mit Vergnügen dabei. Wir vermitteln unseren Hunden ein ganz neues Bild vom Arbeiten.

Sinn und Zweck des Dog Dancing

- Wir möchten mit unseren Hunden Fertigkeiten aus unserem Programm vorführen, die über das Normale der verlangten Unterordnung hinausgehen.
- Wir möchten den Rhythmus der gewählten Musik und die Bewegungen in harmonischen Einklang zwischen Hundeführer und Hund bringen.
- Wir möchten unsere Fantasie beim Tanzen ausleben.
- Wir möchten möglichst viele Zuschauer bei einer Vorführung ansprechen.
- Wir möchten unseren vierbeinigen Freund besser kennen und verstehen lernen.
- Wir und unser Hund möchten Freude an der Hundeausbildung haben.
- Wir möchten vor allem Spaß für uns und unseren Hund.

Tanzstunden

Zu Hause

Dog Dancing kann man mit seinem Hund unter Anleitung von entsprechenden Büchern und Videos sehr gut zu Hause üben. Lediglich bei der Choreografie eines Liedes benötigt man eine zweite Person, die beratend zur Seite steht oder den Tanz per Video aufzeichnet, damit man sich selbst sehen und den Tanz gegebenenfalls so verändern kann, dass er beim Zuschauer mehr Wirkung zeigt.

Die Aufzeichnung des Trainings auf Video wird allgemein viel zu selten genutzt. Bei den Übungen, hauptsächlich jedoch bei der Choreografie ist es das beste Hilfsmittel, um beispielsweise schlechte Köperhaltung oder unkorrektes Timing und vieles mehr zu erkennen und zu verbessern.

Unter Anleitung

Möchte man Dog Dancing unter Anleitung erlernen, hat man drei Möglichkeiten:

1. Man tritt einem Hundesportverein bei, der diese Sportart anbietet. Leider gibt es in Deutschland noch nicht sehr viele. Doch die meisten Vereine, die Obedience in ihrem Übungsprogramm anbieten, betreiben nebenbei auch Dog Dancing.
2. Man besucht eine Hundeschule.
3. Man findet einen Ausbilder, der Privatunterricht erteilt.

Was für den Einzelnen das Beste ist, hängt von verschiedenen Faktoren ab. Machen Sie sich selbst ein Bild.

VEREINE ▶ Vereine sind so gut wie ihre Ausbilder. Diese arbeiten in der Regel ehrenamtlich. Nicht alle Vereine verlangen von ihren Ausbildern eine regelmäßige Fortbildung. Daher ist ihr Ausbildungsstand sehr unterschiedlich. Sehen Sie dem Ausbilder zu, wie er mit seinen eigenen Hunden arbeitet. Prüfen Sie, ob die Arbeitsweise Ihnen gefällt und Ihrer Vorstellung entspricht. Der Vorteil eines Vereins ist, dass Sie an entsprechenden Wettkämpfen teilnehmen können, die es sicher in Zukunft geben wird. Der Verein stellt dafür eine entsprechende Leistungsurkunde aus.

HUNDESCHULEN ▶ Hundeschulen gibt es sehr viele. Auch ihre Qualität hängt von der jeweiligen Ausbildung des Übungsleiters ab. Hier sollte man sich – wie bei den Hundevereinen – den Umgang des Übungsleiters mit seinem eigenen Hund genau ansehen und auf sein Bauchgefühl hören. Sagt einem die Arbeitsweise zu und fühlt man sich dort wohl, ist vielleicht die Hundeschule der geeignete Ausbildungsplatz. Hundeschulen gehen in der Regel gut auf ihre Kunden ein, denn sie bestreiten ihren Lebensunterhalt damit. Allerdings sind die Kosten in den Hundeschulen deutlich höher als der Mitgliedsbeitrag in einem Verein. Sollte es in Zukunft VDH-abhängige Wettkämpfe in Dog Dancing geben, müssten Sie zusätzlich einem Verein beitreten, damit dieser für Sie die entsprechende Leistungsurkunde erstellt.

PRIVATUNTERRICHT ▶ Privatunterricht bietet wohl die individuellste Betreuung. In der Regel wird der Unterricht an Ihren Bedürfnissen ausgerichtet. Sie bestimmen, was Sie trainieren möchten. Der Trainingsplan wird speziell auf Sie und das Lernverhalten Ihres Hundes abgestimmt.

Die Qualifikation des Ausbilders ist selbstverständlich ebenso zu prüfen wie bereits bei den Vereinen oder den Hundeschulen erwähnt.

Achten Sie bei der Auswahl Ihres Trainers darauf, wie er mit seinen eigenen Hunden umgeht. Lobt er viel? Wie reagiert der Hund auf ihn?

Was der Hund können sollte

Hat der Hund bereits die Grundgehorsamsübungen wie »Sitz«, »Platz«, »Hier« und »Bleib« erlernt, können wir ihn bei der Arbeit einfacher platzieren. Sollte er diese Kommandos noch nicht können, üben wir sie zuerst.

Hilfreich für Dog Dancing ist, wenn Ihr Hund »bei Fuß« ...

▸ »Sitz«

Wir halten dem Hund ein Leckerchen vor die Nase und führen es langsam über seinen Kopf nach hinten. Setzt sich der Hund, erfolgt sofort das Kommando »Sitz«, er wird gelobt und bekommt das Leckerchen. Diese Übung wiederholen wir mehrere Tage, bis der Hund sich bereits setzt, sobald er merkt, dass wir Futter in der Hand halten. Nun geben wir zuerst das Kommando »Sitz«. Sobald unser Hund sich setzt, erhält er die Belohnung.

▸ »Platz«

Wir halten dem Hund das Futter in unserer geschlossenen Hand vor die Nase und führen diese zum Boden. Unsere Hand bleibt so lange geschlossen, bis er sich, während er der Hand mit der Nase folgt, mit dem ganzen Körper hinlegt. Liegt der Hund, sagen wir gleichzeitig mit der Futtergabe »Platz«.

▸ »Hier«

Beim »Hier«-Kommando soll sich der Hund ganz dicht vor uns setzen. Diese Übung bauen wir folgendermaßen auf: Wir setzen uns auf die Kante eines Stuhles, halten in beiden Händen ein Leckerchen und lehnen uns zurück. Der Hund steht vor uns. Aus dieser Position rufen wir ihn, zeigen ihm, dass wir ein Leckerchen in unseren Händen haben, und locken ihn nun so zwischen unsere Beine, dass er sehr engen Kontakt hat. Setzt er sich, bekommt er seine Belohnung, gleichzeitig erfolgt das Kommando »Hier« und wir loben verbal. Scheut er unsere Nähe nicht, stellen wir uns mit etwas gegrätschten Beinen hin und rufen ihn mit dem Kommando »Hier«. In beiden Händen halten wir das Futter, damit

… »Sitz«, »Platz«, »Bleib« und »Komm« beherrscht.

wir ihn zum Geradesitzen korrigieren können. Halten wir es in nur einer Hand, würde er sich zu der Seite des Futters orientieren.

▶ »Bleib«

»Bleib« oder »Warten«, diese beiden Kommandos gibt es im eigentlichen Hundesport nicht. Denn sobald ich meinem Hund ein Kommando gebe, wie zum Beispiel »Platz«, sollte er so lange verharren, bis ich das Kommando wieder aufhebe. Leider funktioniert das am Anfang noch nicht so gut. Aus diesem Grund benutzen viele das Hilfskommando »Bleib«. Das bedeutet: Bleib so lange in deiner jetzigen Position, bis ich dich abhole. Der Hund befindet sich in der »Platz«-, »Sitz«- oder »Steh«-Position, wir geben das Kommando »Bleib« und zusätzlich halten wir die flache Hand vor die Hundenase. Nun wiederholen wir das Kommando und entfernen uns einen Schritt vom Hund. Bleibt er in seiner Position, gehen wir zurück und belohnen ihn mit einem Leckerchen. Schritt für Schritt entfernen wir uns immer weiter von unserem Hund, während er liegen bleibt.

Voraussetzungen des Hundes

- Beherrschen der wichtigsten Kommandos: »Sitz«, »Platz«, »Hier« und »Bleib«
- Motivierbar durch Belohnungshäppchen aller Art und Spielzeug

Motivation durch Belohnung

Fressen und Spielen können bei unseren Hunden Glücksgefühle auslösen.

Wichtig ist, dass der Hund vor dem Arbeiten nicht gefüttert wurde. Ein Hund, der keinen Hunger hat, ist nur schwer mit Futter zu motivieren. Ebenso ist es mit Spielzeug. Ein Hund, der nie spielen gelernt hat, wird auch auf das schönste und lustigste Spielzeug nicht reagieren. Daher ist es sehr wichtig, bereits mit dem Welpen viel und gezielt zu spielen. Versäumt man das, wird der Hund in den meisten Fällen seinen Spieltrieb verlieren.

Voraussetzungen des Menschen

Beobachtungsgabe

Um unserem Hund Dog Dancing beibringen zu können, sollten wir ihn genauestens beobachten und dabei herausfinden, welche Übungen am besten für ihn geeignet sind. Denn es gibt bei Dog Dancing viele Übungen, die uns der Hund tagtäglich zeigt. Beim Erwachen am Morgen streckt er sich zum Beispiel (»Verbeugen«), oder wenn er darauf wartet, dass wir ihm den Ball werfen, schaut er uns an (»Watch«) und geht dabei oft ein paar Schritte zurück (»Back«). Viele Hunde betteln, indem sie ihre Pfote anheben (»Pfötchen«), oder haben die Angewohnheit, sich im Gras zu wälzen (»Rolle«). Lauern sie auf Beute, kriechen sie am Boden (»Kriechen«). So könnten wir noch viele Übungen aufzählen, die uns unsere Vierbeiner in ihrem Alltag zeigen. Es macht Spaß, seinen Hund zu beobachten und die Fähigkeiten zu nutzen, die er von Natur aus besitzt.

Musik und Taktgefühl

Von großem Vorteil ist es, wenn wir ein gutes Taktgefühl besitzen. Am besten finden wir das heraus, indem wir versuchen, im Takt zur Musik mit unserem Hund zu laufen. Haben wir einen passenden Takt für uns und unseren Hund gefunden, wählen wir eine entsprechende Musik, die unserer Laufgeschwindigkeit entspricht. Das heißt, für einen temperamentvollen Hund mit schnellerer Laufgeschwindigkeit wählen wir eher schnelle, rhythmische Musik wie zum Beispiel Popmusik. Bei einem ruhigeren Hund hingegen darf es ein langsamer Marsch oder auch mal ein Walzer sein.

Fantasie

Beim Aufbau und der Ausführung des Tanzes sowie bei der Kleidung sind unserer Fantasie keine Grenzen gesetzt. Haben wir eine Filmmusik ausgewählt, ziehen wir uns entsprechend der Handlung an. Oder wir tanzen ein Thema zur Musik, beispielsweise einen Stierkampf. Wir tanzen die Rolle des Toreros und der Hund die des Stiers.
Haben wir einen Hund mit langsamer Grundgeschwindigkeit, so könnten wir mit ihm auch einen langsamen Walzer einüben. Natürlich gibt es noch unendlich viele Varianten. Sie werden merken: Je mehr der Hund gelernt hat, desto sicherer werden Sie selbst und umso fantasievoller wird auch die Choreografie Ihres Tanzes ausfallen.

»Wann geht es endlich los?«

Geduld/Ausdauer

Geduld sollten wir haben. Wie es so schön heißt, ist aller Anfang schwer. Aber das kommt uns wirklich nur am Anfang so vor. Sobald wir ein wenig mit dem Hund gearbeitet haben, können wir feststellen, wie schnell unsere vierbeinigen Freunde all das erlernen können.
Hat der Hund etwas falsch gemacht oder nicht verstanden oder haben wir es ihm beim Übungsaufbau nicht richtig vermittelt, fangen wir noch einmal von vorne an. Manchmal benötigt unser Hund für eine Übung besonders lange. Wir sollten dabei nicht die Geduld verlieren, sondern versuchen, ihm mit viel Lob und Geduld den richtigen Weg zu zeigen.

Lustvoll trainieren

Selbstverständlich sollten wir aus freien Stücken und aus Überzeugung mit unserem Hund üben. Denn wenn wir die Arbeitsweise und Dog Dancing selbst ablehnen, wird auch der Hund keine Freude am Training finden. Geben wir aber unserem Hund, sobald er eine Übung korrekt ausgeführt hat, das Gefühl, dass er der beste Hund auf der Welt ist, wird er bestrebt sein, immer das Richtige zu tun.

Wichtige Ausrüstung für Dog Dancing

▸ Spielzeug

Das Spielzeug, das wir beim Training benutzen, darf der Hund wirklich nur während der Arbeit erhalten. Anschließend deponieren wir das Spielzeug so, dass es für ihn unerreichbar ist. Gut geeignet sind zum Beispiel weiche Gummibälle, evtl.l mit Schnur, weiche Quietschtiere in passender Größe und kleine Ziehknoten. Tennisbälle sollten tabu sein, denn durch die Glasfaseroberfläche der Bälle schleifen sich die Zähne des Hundes ab.

Hier drei Beispiele für geeignetes Spielzeug, das der Motivation dient.

▸ Futter

Zum Belohnen nimmt man möglichst kleine Häppchen. Sie sollten etwa erbsengroß sein und vom normalen Futter abweichen. Geeignet sind im Fachhandel erhältliche Leckerchen, Käse, Wurst, gekochtes, klein geschnittenes Fleisch oder Selbstgebackenes (siehe im Kapitel »Selbst gebackene Leckerchen«).

Leckerchen eignen sich gut zur Belohnung. Allerdings sollte man sie in kleinere Sückchen zerbrechen.

▸ Halsband/Leine

Am besten sind Lederhalsbänder oder andere Halsbänder, die sich nicht zuziehen, geeignet. Die Leine sollte nicht zu lang sein (ca. 1 bis 1,20 Meter) und uns gut in der Hand liegen. Wenn wir mit dem Hund auf Distanz arbeiten, benötigen wir auch eine lange Leine (ca. fünf bis zehn Meter).

▸ Musik

Bevorzugt suchen wir uns Musikstücke aus, die auf die Gangart des Hundes passen, und nehmen sie auf MC oder CD auf.

▸ Walkman/Rekorder

Anfangs ist es wichtig, dass wir das ausgesuchte Lied genau kennen lernen, damit uns die spätere Choreografie dazu leichter fällt. Dabei ist es von Vorteil, wenn wir einen Walkman besitzen, den wir stets dabei haben können. Später ist es sinnvoll, dass auch unser Hund die Musik hört und lernt, an welcher Stelle er sich drehen oder verbeugen soll.

Übungsgelände

Solange wir noch beim Aufbau der einzelnen Übungen sind, benötigen wir nicht viel Platz. Die Küche oder das Wohnzimmer reichen anfangs voll und ganz. Möchten wir unseren Tanz zusammenstellen, benötigen wir doch etwas mehr Platz. Ideal wären ca. acht mal acht Meter. Unser Übungsgelände sollte anfangs nicht gerade der Marktplatz sein. Eine Rasenfläche ist für Mensch und Hund angenehmer. Später sollten wir dann, zur Vorbereitung eines Auftrittes, mit unserem Hund an verschiedenen Plätzen mit verschiedenen Untergründen arbeiten, wie zum Beispiel auf einem Schulhof oder einer Gemeindewiese oder auch mal am Wochenende auf einem Supermarkt-Parkplatz. Von Vorteil wäre beispielsweise eine Reithalle, um zu tanzen. Natürlich muss man darauf achten, dass das Betreten des Geländes erlaubt ist. Es dürfen ruhig Personen anwesend sein, damit wir uns an Zuschauer gewöhnen können.

Verschiedene Gegenstände

Verschiedene Übungen lassen sich prima mit Gegenständen kombinieren. Zum Beispiel kann unser Hund beim Tanzen über einen Schirm oder Stock springen. Vielleicht haben wir auch einen Stuhl in die Choreografie eingebracht und der Hund geht um, auf oder über den Stuhl. Andere Gegenstände können auch verwendet werden, solange sie für den Hund keine Gefahr darstellen. Soll der Hund Gegenstände tragen oder bringen, sollte er das Apportieren beherrschen. Kann er das noch nicht, so ist es an uns, ihm dies erst einmal beizubringen (siehe Kapitel »Apportieren«).

Hier ist noch einmal alles abgebildet, was man beim Tanzen einsetzen kann: Spielzeug, Leine, Leckerchen, Kassettenrekorder, Stuhl, Stock und Regenschirm.

Der Clicker

Im Kapitel »Lob zur rechten Zeit« haben wir bereits kurz über den Clicker berichtet. Richtiges Loben heißt, genau in der Sekunde zu bestätigen, in der der Hund korrektes Verhalten zeigt. Das ist mit Worten, Spielzeug oder Futter kaum präzise

Viele, viele bunte Clicker

zu bewerkstelligen, da man nicht immer direkt neben dem Hund steht, um ihn genau im richtigen Moment zu loben. Mit dem Clicker kann man den Zeitpunkt genau erfassen.
Aber weshalb kann so ein Clicken für den Hund eine Belohnung sein? Nun, zuerst stellen wir zwischen dem Click und dem Leckerchen eine Verbindung her. Das heißt, dass der Hund anfangs bei jedem Click ein Leckerchen erhält. Wenn wir oft genug nach dem Click das Leckerchen gegeben haben, wird der Click ein Versprechen auf Futter. Sobald unser Hund auf den Clicker konditioniert ist, können wir das Instrument für die Ausbildung verwenden. Der Clicker belohnt entsprechendes Verhalten und verschafft uns Zeit, das Leckerchen zu geben. Wir möchten hier nicht weiter auf den Clicker eingehen, denn es würde den Rahmen dieses Buches sprengen. Im Serviceteil, auf S. 118, empfehlen wir weiterführende Literatur zur Ausbildung und zur Technik des Clickers für Welpen und erwachsene Hunde.

Mithilfe des Clickers konditioniert man den Hund auf das Target, das anschließend als verlängerter Arm und Richtungsweiser eingesetzt werden kann.

Ausrüstung

- Spielzeug
- Futter
- Halsband, Leine
- Musik
- Walkman oder Rekorder
- Übungsgelände
- Verschiedene Gegenstände wie z. B. Stock, Schirm, Stuhl
- Clicker
- Target
- Video

James wartet auf seinen Einsatz und wird anschließend für das korrekte Beinslalom bestätigt.

Das Target

Ein weiteres Hilfsmittel für Dog Dancing kann das Target sein. Dabei handelt es sich um einen Stock, zum Beispiel einen Zeigestock, den man beliebig verlängern kann. Der Targetstick dient als Zielstock für den Hund und weist ihm die richtige Richtung. Es ist von Vorteil, das Target gleichzeitig mit dem Clicker zu verwenden, da der Hund sich meist etwas entfernt von unserer Hand befindet und so keine direkte Belohnung mit Leckerchen möglich ist. Bevor wir aber richtig damit arbeiten können, muss der Hund auf das Target konditioniert werden. Dazu halten wir ihm das Target in kurzer Entfernung vor die Nase. Die meisten Hunde sind beim ersten Mal neugierig und schnuppern daran. Sobald der Hund schnuppert, folgt ein Click und er erhält sein Leckerchen. Schnell wird er begreifen, dass jede Berührung ein Click auslöst, sprich eine Belohnung. Darf er anfangs das Target überall berühren, arbeiten wir uns mit der Zeit an die Spitze unseres Hilfsmittels vor. Das heißt, ein Click erfolgt immer dann, wenn er das Target in Richtung Spitze berührt. Am Ende der Konditionierung berührt unser Hund nur noch die Spitze. Nun können wir ihm mit dem Target die Richtung weisen, denn überall wo wir die Spitze hinhalten, wird auch der Hund hingehen und diese berühren. Nach und nach dirigieren wir dann mithilfe des Targets verschiedene Übungen. Bei Distanzübungen dient es uns zum Beispiel als verlängerter Arm.

Video

Ein Ausbilder kann uns nicht vermitteln, wie wir mit unserem Hund auf die Zuschauer wirken. Am besten ist es, wenn wir den Tanz auf

Kein Hund ist zu jung oder zu alt für Dog Dancing, wenn man die Übungen entsprechend anpasst. Sie können bereits mit Ihrem Welpen spielerisch beginnen.

Video aufzeichnen können. Vieles, was einem erzählt wird, glaubt man nicht wirklich. Sieht man sich dann selbst, wird einem bewusst, welche Fehler man macht. Gerade wenn man ohne Trainer übt, ist eine Videoaufzeichnung sehr hilfreich und das einzige Mittel sich selbst kritisch zu betrachten. Zum Beispiel: Was sagt meine Körpersprache? Sind meine Hilfen für den Hund zu offensichtlich? (Diese sollten so in den Tanz mit eingebaut werden, dass sie nicht wie entsprechende Hilfen für unseren Hund aussehen.) Ist mein Gesichtsausdruck zu angespannt? Bin ich im Takt der Musik oder passt meine Choreografie nicht zu diesem Lied oder zu meinem Hund? All diese Fragen lassen sich mit Hilfe einer Videoaufzeichnung klären.

Das richtige Hundealter

Im Grunde spielt das Alter des Hundes, in dem wir mit Dog Dancing beginnen, keine große Rolle. Der Hund kann noch sehr jung sein oder

schon etwas älter. Die Anforderungen an unseren Hund richten sich nach Alter und Begabung. Mit dem Welpen kann bereits spielerisch begonnen werden. Man kann in diesem Alter beispielsweise den Blickkontakt üben. Wir setzen uns dazu vor oder neben den Welpen und halten ihm ein Leckerchen vor die Nase.

Sobald er danach schaut, führen wir die Belohnung in unsere Augenhöhe und geben das Kommando »Watch«, »Look« oder »Schau«. Folgt er dem Leckerchen mit den Augen, erhält er sofort seine Belohnung. Den Zeitraum bis zur Belohnung velängern wir langsam um einige Sekunden. Diese Übung festigen wir nun in

den kommenden fünf Tagen. Danach versuchen wir während des Blickkontaktes aufzustehen. Hält der Welpe weiter den Kontakt zu uns, erfolgt sofort die Bestätigung. Auch hier verzögern wir mit der Zeit die Bestätigung. Nach weiteren fünf Tagen bleiben wir nun stehen und geben unserem Welpen das Kommando »Watch«. Schaut er uns an, bekommt er seine Belohnung. Während der Trainingszeit spielen wir immer wieder zwischendurch mit dem Welpen. Einzelne Übungen dürfen auch schon durchgeführt werden, wie zum Beispiel:

- bei Fuß gehen an der Fuß- und Handseite,
- rückwärts gehen,
- Pfötchen geben,
- Fußslalom,
- schämen,
- verbeugen,
- Round um den Hundeführer.

Mit schwierigeren Übungen wie Springen und Kriechen sollten wir warten, bis der Welpe ausgewachsen ist.

Für ein gelungenes »Komm« und »Sitz« gibt es eine Belohnung. Was sie wohl als nächstes üben?

Übungen und Figuren

Übungen und Figuren

»Watch« oder »Schau«: Aufmerksamkeitsübung

Das Aufmerksamkeitstraining ist die Voraussetzung für das Erarbeiten aller nachfolgenden Übungen.

Wir beginnen die Übung, indem wir den Hund mit seinem Namen ansprechen. In einer Hand halten wir die individuell für den Hund ausgewählte Belohnung. Diese bringen wir in unsere Augenhöhe und geben das Kommando »Watch«. Sobald der Hund uns und das Leckerchen anschaut, wird er belohnt. Um dem Hund das Hochschauen zu erleichtern, gehen wir vor ihm ein paar Schritte rückwärts.

Hat er dies verknüpft, versuchen wir den Hund durch unsere Bewegungen sowohl auf der Fuß-Seite wie auch auf der Hand-Seite (rechte Seite) mit nach oben gerichtetem Blick zu führen. Hierbei geht es nicht um das korrekte Bei-Fuß- oder Bei-Hand-Gehen, sondern wichtig ist, dass der Hund uns in die Augen (bzw. ins Gesicht) sieht.

Dabei halten wir die Belohnung in der rechten Hand in Augenhöhe und gleichzeitig stecken wir den lin-

Nicole geht zurück und hält das Spielzeug in Augenhöhe, um Yashico das Hochschauen zu erleichtern.

Das Spielzeug wird wechselseitig mit der linken und rechten Hand gehalten.

Anschließend dreht sich Nicole aus der Watch-Position in die Fuß-Position und Yashico läuft freudig mit.

ken Arm seitlich aus. Anschließend wiederholen wir die Übung mit der linken Hand im Wechsel. Dieses üben wir, bis beide Arme ausgestreckt sind und der Hund das Kommando »Watch« korrekt ausführt.

Verwendete Kommandos: »Watch/ Schau«

»Fuß«- und »Hand«-Gehen

▸ **»Fuß«**

Bereits bei der Übung »Watch« führten wir den Hund links (Fuß-Seite) und rechts (Hand-Seite).

Jetzt möchten wir dem Hund das korrekte Fuß- und Hand-Gehen beibringen.

Wir beginnen mit der Übung »Watch« und drehen uns zum Hund in die Fuß-Position. Dort wird er sofort belohnt. Anschließend gehen wir ein paar Schritte, halten dabei den Motivationsgegenstand in der Hand in Gesichts- oder Augenhöhe. Wir bewegen uns am Anfang immer in der korrekten Fuß-Position und versuchen dabei, mit dem Kommando »Fuß« einige Schritte zu gehen. Dabei halten wir die Motivation in der linken Hand an unserer linken Körperseite über den Kopf des Hundes. Hat der Hund verstanden, was wir von ihm möchten, erweitern wir die Übung, indem wir die Schrittzahl erhöhen.

James läuft aufmerksam in der Hand-Position, also rechts vom Hundeführer.

Wichtig ist, dass der Hund freudig an unserer Seite geht.

Verwendete Kommandos: »Watch« und »Fuß«

▸ Hand

Für das Hand-Gehen gilt das Gleiche wie bei der Übung Fuß. Zuerst erfolgt das Kommando »Watch«. Ist der Hund aufmerksam, bringen wir uns durch eine Drehung in die Hand-Position (der Hund ist nun auf unserer rechten Seite). Auch hier halten wir die Motivation in Gesicht- oder Augenhöhe und bestätigen, sobald der Hund nach oben sieht. Wir versuchen, mit dem Kommando »Hand« einen Schritt zu gehen. Dabei halten wir nun die Motivation in der rechten Hand an unserer rechten Körperseite etwas über den Kopf des Hundes. Führt er es korrekt aus, erfolgt sogleich die Bestätigung. Hat der Hund nun das Kommando »Hand« verstanden, erweitern wir die Übung und versuchen einige Schritte zu gehen.

Verwendete Kommandos: »Watch« und »Hand«

Problemlösung:

- Prellt der Hund nach vorne, wird nach hinten, rechts und links im Wechsel bestätigt.
- Hängt er nach, bestätigen wir nach vorne.
- Hat der Hund das Kommando

»Fuß« bereits negativ verknüpft, verwenden wir für diesen Aufbau ein anderes Kommando, damit er wieder freudig mitarbeitet.

»Close/Bei«

Der Hund soll lernen, ganz gleich in welche Richtung wir uns bewegen, immer an unserem Bein zu bleiben. Um ihm das beizubringen, stellen wir uns vor den Hund und führen ihn mit der Leine in die gewünschte Position. Dabei muss er seine Hinterhand bewegen. Das fällt den meisten Hunden sehr schwer. Aber gerade das ist zum Erlernen dieses Elementes wichtig. Um ihm die Übung zu erleichtern, haben wir ein Standbein und ein bewegliches Bein. Das bewegliche Bein ist immer das an der Seite des Hundes.

Wir halten den Hund recht kurz an der Leine und führen ihn in Form eines »U« an unser Bewegungsbein, das wir gleichzeitig mit einem Ausfallschritt nach hinten bewegen und mit dem Hund gemeinsam wieder zurück in die Grundstellung bringen.

Jetzt führen wir den Hund aus allen Positionen an unser Bein und bauen langsam die Hilfen ab. Bald können wir uns auch seitwärts bewegen und mit dem Kommando »Close« oder »Bei« folgt der Hund unserem Bewegungsbein.

Verwendete Kommandos: »Close/Bei«

Rückwärts gehen am und vor dem Hundeführer

▸ **Rückwärts am Hundeführer**
Hat der Hund das Kommando »Close/Bei« verstanden, ist es nicht so schwer, ihm das »Rückwärtsgehen am Bein« beizubringen. Der Hund steht an unserer linken Körperseite, wir halten in der linken Hand ein Leckerchen, geben dem Hund das Kommando »Close/Bei« und setzen den linken Fuß einen Schritt nach hinten. Gleichzeitig veranlassen wir ihn, indem wir das Leckerchen etwas über den Kopf halten und nach hinten führen, sich ebenfalls nach hinten zu bewegen. Bei der kleinsten Bewegung nach hinten erfolgt die Bestätigung. Hat der Hund die Übung verstanden, erhö-

Chill geht rückwärts an Nicoles Bein.

hen wir die Schrittanzahl und verwenden das Kommando »Rück/Back«. Der gleiche Übungsaufbau gilt auch für das Rückwärtsgehen an unserer rechten Seite.

Verwendete Kommandos: »Close/Bei« und »Rück/Back«

▸ Rückwärts vor dem Hundeführer

Zusätzlich kann man dem Hund auch beibringen, vor uns zurückzugehen. Hierzu gibt es verschiedene Möglichkeiten:

Möglichkeit 1:

Wir halten ein Spielzeug oder Leckerchen über den Kopf des Hundes und gehen langsam auf ihn zu und geben das Kommando »Back/Rück«. Geht er rückwärts, bekommt er sein Spielzeug oder das Leckerchen zugeworfen. Stück für Stück erhöhen wir die Schrittzahl.

Bei diesem Übungsaufbau des Rückwärtsgehens wird die Motivation über den Kopf des Hundes gehalten.

Möglichkeit 2:

Die zweite Möglichkeit wäre, dass wir das Leckerchen unter das Kinn des Hundes halten und jetzt einen Schritt auf ihn zu gehen. Der Hund wird seinen Kopf nach unten in Richtung Leckerchen bewegen und seine Hinterbeine einen Schritt zurücksetzen. Sobald das geschieht, geben wir das Kommando »Rück/Back«, gleichzeitig erhält er die Bestätigung. Auch hier erhöhen wir die Schrittzahl Stück für Stück. Nach und nach bauen wir das Hilfsmittel unserer Hand unter dem Kinn ab, indem wir das Leckerchen nicht mehr unter das Kinn, sondern vor den Fang halten. Gleichzeitig geben wir das Kommando »Rück/Back« und gehen auf den Hund zu.

Im zweiten Schritt halten wir das Leckerchen nicht an den Fang, sondern etwa 20 cm vor den Kopf des Hundes. Auch hier gehen wir auf den Hund zu und geben das Hörzeichen »Rück/Back«.

Im dritten Schritt nehmen wir die Hand nach oben, zeigen dem Hund, dass wir ein Leckerchen in der Hand halten, gehen auf ihn zu und geben gleichzeitig das Kommando »Rück/Back«. Selbstverständlich erhält er bei richtiger Ausführung der Übung die Belohnung.

Der Abbau des Hilfsmittels Hand sollte ganz langsam erfolgen. Notfalls gehen wir lieber wieder einen Schritt zurück und probieren es noch einmal.

Möglichkeit 3:

Diese Variante ist der zweiten sehr ähnlich. Hier stellen wir uns wieder vor den Hund. Die Hand mit dem Leckerchen geht nicht unter das Kinn, sondern bewegt sich ganz schnell vor dem Kopf des Hundes hin und her, sodass er seinen Kopf nach rechts und links drehen muss. Denn dreht er seinen Kopf nach rechts, wird sich seine Hinterhand nach links bewegen. Er wird mit seinem Blick unserer hin und her pendelnden Hand folgen und automatisch einen Schritt zurückgehen.

Verwendetes Kommando: »Rück/Back«

Verschiedene Varianten:

- »Rück« an beiden Seiten,
- »Rück« vor unserem Körper,
- »Rück« auf Distanz,
- »Rück« hinter unserem Körper.

Problemlösung

- Der Hund bleibt beim Rückwärtsgehen nicht gerade, sondern driftet immer seitwärts ab:
  Man übt den Aufbau an einer Wand, in einem engen Flur oder mit einer zweiten Person, damit der Hund seitlich Anlehnung bekommt und Halt findet.
  Alternativ läuft der Hund zwischen Hundeführer und einer zweiten Person. So ist es ihm unmöglich, seitlich abzudriften.
  Im Freien kann man sich auch Absperrungen bauen, beispielsweise mit Zäunen oder Leitern.
- Der Hund setzt sich aufgrund des Leckerchens:
  Wir locken den Hund ins »Steh« und versuchen es erneut.
  Nach mehrmaligen vergeblichen Versuchen sollten wir eine andere Übungsvariante wählen, z. B., indem das Leckerchen unters Kinn gehalten wird.

Hier geht der Hund rückwärts, indem er das Leckerchen unters Kinn gehalten bekommt.

Yashico hat gelernt, ohne Motivation mithilfe von Handzeichen rückwärts zu gehen.

Nicole macht einen Ausfallsschritt nach hinten und führt James mit einem Leckerchen durch die Beine.

Rückwärts durch die Beine

Diese Übung ist ziemlich schwer, doch wenn der Hund gelernt hat, wie es geht, macht sie ihm Spaß und sieht recht spektakulär aus. Es gibt verschiedene Möglichkeiten, dem Hund das »Rückwärts durch die Beine« beizubringen.

Möglichkeit 1:

Wir bringen den Hund in Grundstellung (linke Körperseite), locken seinen Kopf mit einem Leckerchen schräg nach links, grätschen gleichzeitig unser rechtes Bein so, dass wir den Hund geschickt mit seinem Hinterteil durch unsere Beine hindurch lenken und geben das Kommando »Back«. Wenn er richtig gelaufen ist, steht er nun auf unserer rechten Seite in Hand-Position. Dafür erhält er sofort die Belohnung. Dann machen wir die Übung auf der rechten Seite. Alles geht seitenverkehrt. Diese Übung wiederholen wir, bis wir nach und nach die Hilfen (den Hund schräg nach vorne stellen) abgebaut haben. Der Hund sollte später direkt aus der Fuß-Position rückwärts durch die Beine gehen.

Verwendete Kommandos: »Fuß«, »Back«, »Hand«

Möglichkeit 2:

Hat der Hund die Übung »Bei/Close« verstanden und ist immer an unserem Bein, egal wie wir uns be-

Hier schlängelt sich James gekonnt von links nach rechts und von rechts nach links rückwärts durch die Beine.

wegen, dann sollte es kein Problem sein, ihn rückwärts durch die Beine zu locken. Wir beginnen im Fuß, drehen uns auf der Stelle und geben das Kommando »Bei/Close«, der Hund folgt. Nun drehen wir uns leicht zum Hund, heben das rechte Bein an und führen es über den Rücken unseres Hundes. Gleichzeitig geben wir dem Hund das Kommando »Back« und können ihm als Hilfe noch die linke Hand, gefüllt mit Leckerchen, vor die Nase halten und durch das Bein führen. Diese Übung wiederholen wir seitenverkehrt auf der rechten Seite (Hand-Seite). Nach und nach versuchen wir die Hilfen abzubauen. Dazu lassen wir die Hilfe mit der Hand weg. Als Nächstes

heben wir das Bein nicht mehr so weit über den Rücken des Hundes. Zum Schluss heben wir das Bein gar nicht mehr an. Damit ist der Aufbau der Übung beendet.

Verwendete Kommandos: »Bei/ Close«, »Back«, »Fuß«, »Hand«

Problemlösungen

- Der Hund wählt die falsche Seite: Geben Sie dem Hund das Kommando für die Fuß- oder Hand-Seite früher.

▸ Rückwärts um den Hundeführer (Round back)

In einem vorangegangenen Kapitel haben wir dem Hund das Rückwärtsgehen bereits beigebracht. Bei dieser Übung möchten wir, dass der Hund rückwärts um uns herum geht. Dazu stellen wir ihn in die Fuß-Position und führen ihn mit der Leine, einem Leckerchen und dem Kommando »Back« rückwärts auf unsere rechte Seite. Die Übung wurde richtig ausgeführt, wenn er an unserer rechten Seite mit dem Kopf nach hinten steht. In dieser Position wird er bestätigt. Als Nächstes geben wir ihm das Kommando »Fuß« und führen ihn wieder mit der Leine und einem Leckerchen rückwärts in die Fußposition. Hat er diesen Übungsablauf verstanden, versuchen wir ihn mit dem Kommando »Back a Round« eine komplette Runde rückwärts um uns herum gehen zu lassen. Diese Übung können wir mit dem gleichen Aufbau auch nach der anderen Seite trainieren. Es ist hilfreich, die Übung in einem engen Raum zu trainieren, damit wir dem Hund nicht so viele Möglichkeiten geben, etwas falsch zu machen. Daher trainieren wir an der Leine, um den Hund gleich richtig in Position zu führen und ihn loben zu können.

Verwendete Kommandos: »Fuß«, »Back«, »Back a Round/Round Back«

Rechts- und Linkswendungen

▸ Rechter Winkel

Bei dieser Übung dreht sich der Hund mit uns nach rechts. Man kann den Aufbau spielerisch gestalten, indem wir den Hund mit einem Ball aufmerksam machen und ihn damit an unsere linke Körperseite locken. Sobald wir ihn in der gewünschten Position haben, drehen wir uns nach rechts um die eigene Achse, geben dabei das Kommando »Rechts« und bringen den Ball mit der rechten Hand in unsere Bauchhöhe. Sobald der Hund aufmerksam und freudig unserer Bewegung folgt, erhält er seine Motivation (den Ball) direkt an unserem Körper und wird ausgiebig gelobt.

Diese Übung dient oft als Aufmerksamkeitstraining vor einer Dog Dancing-Kür. Hat der Hund gelernt,

sich mit uns nach rechts zu drehen, versuchen wir die Übung zu präzisieren. Dazu lassen wir ihn an unserer Fuß-Seite sitzen. Er bleibt und wir gehen einen Schritt nach vorne. Als Nächstes machen wir mit dem linken Fuß einen Schritt zurück zum Hund, der rechte Fuß bleibt stehen. Nun folgt das Kommando »Fuß«, unser Hund folgt unserem linken Fuß, den wir nun in T- Stellung (also rechts um die Ecke) vor unseren rechten Fuß stellen. Man nennt diese Position T-Stellung, da die Füße wie ein »T« zueinander stehen. Beim nächsten Schritt richten wir den rechten Fuß in Laufrichtung des linken Fußes aus, der rechte Winkel ist geschafft.

Verwendete Kommandos: »Sitz«, »Fuß«, »Rechts«

Zu Beginn befindet sich der Hund in der Fuß-Position und wird mit einem Leckerchen rückwärts zur rechten Seite geführt. Nach einem weiteren Halbkreis von rechts nach links ist die Übung »Rückwärts um den Hundeführer« beendet.

Rechtskehrtwendung

Die ganze Wendung ist eigentlich nur eine Erweiterung des Winkels. Das heißt, der Aufbau dieser Übung ist genau der gleiche wie beim Rechtswinkel. Unser Hund bleibt und wir gehen einen Schritt nach vorne. Als Nächstes machen wir mit dem linken Fuß einen Schritt zurück zum Hund, der rechte Fuß bleibt stehen, nun folgt das Kommando »Fuß«. Unser Hund folgt dem linken Fuß, den wir in T- Stellung (also rechts um die Ecke) vor unseren rechten Fuß stellen. Nun kommt der Unterschied zum Winkel, denn wir stellen den rechten Fuß an die Innenseite des linken Fußes in T- Stellung (also ebenfalls rechts um die Ecke). Anschließend folgt wieder unser linker Fuß, den wir etwas vor den rechten Fuß stellen. Nun ist die Wendung vollendet (siehe Zeichnung).

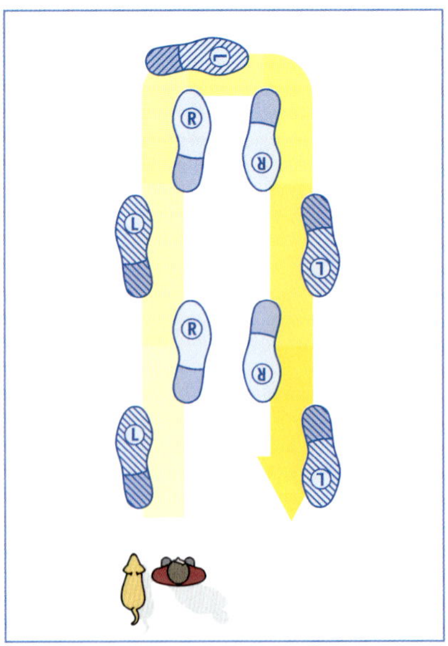

Auf dieser Seite ist die Schrittfolge für die Rechtswendung schematisch abgebildet.

Verwendete Kommandos: »Sitz«, »Fuß«

Linker Winkel

Wichtig für diese Übung ist, dass der Hund die Kommandos »Bei« und »Rück« beherrscht.

Wir stellen uns quer, mit unserer linken Seite dem Hund zugewandt, sodass er genau auf unser linkes Bein sieht. Als Nächstes gehen wir zuerst mit dem rechten, anschließend mit dem linken Fuß zurück und geben dem Hund das Kommando »Fuß«. Gleichzeitig locken wir ihn mit einem Leckerchen in unserer linken Hand. Folgt er uns und ist auf gleicher Höhe mit unserem Bein, bewegen wir unsere linke Hand so, dass er einen kleinen Bogen läuft, um an unsere Fuß-Seite zu kommen. Wir gehen, sobald er an unserer Seite ist, nach vorne. Haben wir das oft genug geübt, wird auch diese Übung präzisiert.

Dazu nehmen wir den Hund an unsere linke Seite (Fuß-Seite) und stellen unseren linken Fuß quer vor unseren rechten (die T-Stellung), folgen mit dem rechten und stellen diesen gerade etwas vor den linken Fuß. Gleichzeitig geben wir das Kommando »Bei«. Sobald der Hund uns folgt, haben wir den linken Winkel geschafft und er bekommt seine Bestätigung.

Verwendete Kommandos: »Fuß«, »Close/Bei« und »Rück/Back«

▸ Linkskehrtwendung

Auch hier ist die ganze Wendung nur eine Erweiterung des Winkels. Wieder nehmen wir den Hund an unsere linke Seite (Fuß-Seite) und stellen den linken Fuß quer in T-Stellung zu unserem rechten, folgen mit dem rechten, indem wir uns um 180° drehen und diesen nun in T-Stellung zu unserem linken Fuß stellen. Mit dem linken Fuß gehen wir gerade weiter, da wir mit diesen wenigen Schritten die Linkskehrtwendung bereits abgeschlossen haben (siehe Zeichnung).

Verwendete Kommandos: »Fuß«, »Close/Bei« und »Rück/Back«

▸ Kehrtwendung

Bei dieser Kehrtwendung geht der Hund um uns herum, während wir uns ebenfalls drehen. Diese Wendung üben wir folgendermaßen: Wir nehmen den Hund in Fuß-Position und lassen ihn dort sitzen. Dann drehen wir uns genau in die andere Richtung, halten in der linken Hand ein Leckerchen, locken ihn damit in die Fuß-Position und geben gleichzeitig das Kommando »Fuß«. Das üben wir so lange, bis unser Hund die Übung verstanden hat.

Als zweiten Schritt üben wir die Drehung während des Laufens. Der Hund geht bei Fuß. Wir halten die

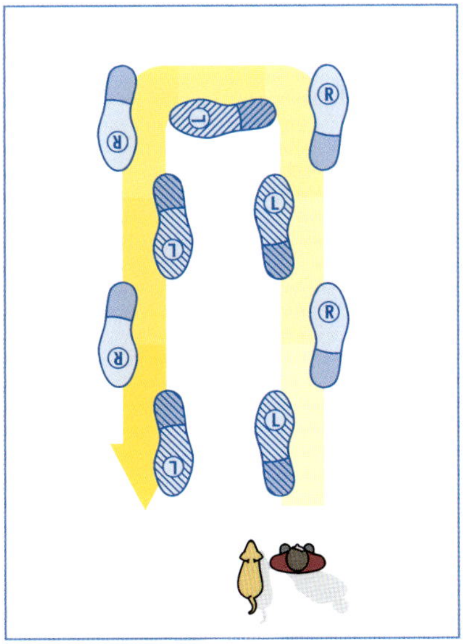

Hier finden Sie die korrekte Fußfolge für eine Linkswendung.

Leine in der rechten und das Leckerchen in der linken Hand. Wir drehen uns zum Hund, nehmen den linken Arm mit dem Leckerchen in unserer Hand hinter unseren Körper und versuchen den Hund auf das Leckerchen aufmerksam zu machen. Dabei ist es wichtig, dass wir uns schnell genug drehen. Holt der Hund sich die Belohnung, wechselt er automatisch die Seite, das heißt, er befindet sich, da wir uns ebenfalls gedreht haben, wieder an unserer Fuß-Seite. Nun haben wir Zeit, die Leine hinter dem Rücken in die linke Hand zu nehmen. Wenn wir diese Übung oft genug mit dem Hund üben, wird er die Kehrtwendung ohne Probleme ausführen, sobald wir uns zu ihm hindrehen. Wichtig dabei ist, dass er lernt, ganz eng um unseren Körper

Der Hundeführer wirft das Apportel, während der Border Collie gespannt auf das Bring-Kommando wartet.

zu laufen, damit er im Anschluss wieder korrekt an unsere Fuß-Seite kommt.

Verwendetes Kommando: »Fuß«

Problemlösungen

- Entfernt sich der Hund bei der Kehrtwendung zu weit von uns, verwenden wir die Leine als Hilfsmittel, indem wir sie während der Wendung in unserer linken Hand belassen. Wichtig ist, dass unsere Leine so lang ist, dass der Hund vollständig um uns herumlaufen kann.
- Geht er noch immer zu weit entfernt um uns herum, fassen wir die Leine etwas kürzer. Die Bestätigung befindet sich in der rechten Hand und wir führen möglichst zügig unsere Wendung durch, damit wir ihn rechtzeitig an unserer Fuß-Seite belohnen können.

Apportieren

Beim Apportieren müssen wir dem Hund zuerst vermitteln, dass er einen Gegenstand im Fang halten soll. Wir verwenden dafür gern eine leichte Gummihantel. Sie ist weich und leicht zu halten. Dazu legen wir dem Hund den Gegenstand ins Maul und verwenden das Kommando »Nimm«. Das geschieht zu Anfang nur für wenige Sekunden. Später versuchen wir, unserem Hund dabei das Kinn zu massieren, damit er den Gegenstand etwas länger festhält. Spuckt er den Gegenstand aus, erfolgt ein strenges »Nein«, er bekommt keine Belohnung und wir beginnen von vorne. Hält er daraufhin den Gegenstand wenigstens für eine oder zwei Sekunden fest, nehmen wir ihm diesen vorsichtig ab, loben ihn und geben ihm seine Belohnung, damit er versteht, was wir von ihm möchten. Von Woche zu Woche lassen wir ihn den Gegenstand etwas länger halten, bis er begreift, dass er ihn so lange im Fang behalten soll, bis wir ihn wieder herausnehmen.

Im nächsten Schritt lernt er, den Gegenstand vom Boden aufzunehmen. Dazu legen wir ihn in Schnauzenhöhe, damit der Hund ihn sofort sieht und erkennt. Das erleichtert ihm das Aufheben. Hierbei verwenden wir die Kommandos »Nimm« und »Bring«. Nach und nach platzieren wir den Gegenstand tiefer, bis er am Ende auf dem Boden liegt. An-

schließend legen wir ihn etwas entfernt von uns ab und schicken den Hund mit dem Kommando »Bring« zum Gegenstand. Nimmt er ihn anstandslos auf und bringt ihn uns zurück, können wir den Hund an unserer Fuß-Seite in die Grundstellung (der Hund sitzt an unserer linken Seite) nehmen und den Gegenstand werfen. Erst wenn der Gegenstand ruhig am Boden liegt, schicken wir

den Hund mit dem Kommando »Bring«. Hat er das Prinzip verstanden und führt die Befehle »Nimm« und »Bring« zuverlässig aus, können wir ihn verschiedene Gegenstände apportieren lassen.

Auch hier gilt: Wenn der Hund das richtige Verhalten zeigt, wird er gelobt und erhält seine Bestätigung. Falsches Verhalten wird ignoriert oder es erfolgt ein einfaches »Nein« und wir beginnen mit der gleichen Übung noch einmal.

Anschließend wird er zum Apportel geschickt.

Eifrig bringt er den Gegenstand zurück und sitzt vor seinem Frauchen vor.

Nicole und Yashico gehen gemeinsam seitwärs (nach rechts).

Problemlösungen

- Der Hund lässt das Apportel zu früh fallen: Dafür bekommt er keine Bestätigung, sondern wir fordern ihn erneut auf, das Apportel in unsere Hand zu bringen. Anfangs muss er es noch nicht lange halten. Wir geben uns zufrieden, wenn er es in unsere Hand fallen lässt. Hilfreich ist dabei, wenn wir anfangs in die Hocke gehen.
- Der Hund kaut auf dem Apportel: Wir streicheln den Hund vom Oberkopf bis zum Fang, sobald er sein Apportel aufgenommen hat. Durch den leichten Druck beim Streicheln wird er es ruhig halten. Eine andere Möglichkeit ist, die Übung neu mit dem Clicker aufzubauen und zu clicken, sobald er das Apportel aufgenommen und noch nicht darauf herumgekaut hat. Hört er den Click, erwartet er ein Leckerchen und wird in dieser Situation vergessen, auf dem Apportel herumzukauen.
- Der Hund springt mit den Pfoten auf das Apportel: Um dieses Problem zu lösen, legen wir das Apportel auf ein Tablett. Das Tablett signalisiert dem Hund einen anderen Untergrund. Aus diesem Grund wird er es vorsichtiger aufnehmen und nicht darauf springen. Hat er verstanden, dass er das Apportel ruhig aufnehmen soll, lassen wir das Tablett weg.

Seitwärts am Bein und vor dem Hundeführer

▸ **Seitwärts am Bein**

Voraussetzung für diese Übung ist, dass der Hund bereits die Kommandos »Watch«, »Fuß« und »Bei« beherrscht. Nun soll er lernen, uns zu folgen, auch wenn wir uns seitwärts bewegen. Wir beginnen die Übung mit dem Hund in Fuß-Position. Nun bewegen wir uns einen Schritt zur rechten Seite, unser Oberkörper dreht sich dabei etwas in Richtung Hund, somit bleibt der Hund gerade an unserer linken Seite. Würden wir den Körper von ihm abwenden, würde er vor uns laufen. Wir verwenden am Anfang das Hörzeichen »Bei«, das er ja bereits kennt. Er wird versuchen, uns zu folgen.

Bei dieser Übung ist es hilfreich, wenn wir den Hund angeleint haben, denn so können wir auch die Leine als Hilfsmittel einsetzen, indem wir sie mit der rechten Hand verkürzt halten und in die gewünschte Richtung führen (aber bitte nicht ziehen). Mit der linken Hand zeigen wir dem Hund gleichzeitig das Leckerchen auf der linken Kopfseite, so bleibt er gerade und folgt uns seitlich.

Anfangs bestätigen wir bereits nach dem ersten Schritt in die richtige Richtung. Nach und nach erhöhen wir die Anzahl der Schritte und verwenden das Hörzeichen »Seit«, bis wir uns seitlich bewegen können und der Hund uns wie selbstverständlich folgt.

Nun beginnen wir das Seitwärtsgehen zur linken Seite des Hundes. Das heißt, wir müssen uns in Richtung Hund bewegen. Dazu nehmen wir ihn wieder an die Leine, halten das Leckerchen, das sich in der linken Hand befindet, an die linke Kopfseite des Hundes, geben das Kommando »Seit« und gehen, indem wir das rechte Bein über das linke kreuzen, in Richtung Hund. Da wir ihn gleichzeitig mit dem Leckerchen in die linke Richtung ziehen, wird er der Futterhand folgen. Wie bereits zur rechten Seite bestätigen wir am Anfang, sobald der Hund sich in die richtige Richtung bewegt.

Verwendete Kommandos: »Watch/ Schau«, »Fuß«, »Close/Bei«, »Seit«

▸ Seitwärts vor dem Hundeführer

Unser Hund kann bereits am Bein nach rechts und links gehen. Er soll sich aber auch vor unserem Körper nach rechts und links bewegen können. Dazu stellen wir uns vor den Hund. Auch hier ist die Leine eine gute Hilfe. Möchten wir, dass sich der Hund nach rechts bewegt (für

Fly geht vor Nicole seitwärts.

den Hund ist das eine Linksbewegung), halten wir die Leine in der rechten Hand, strecken den Arm nach rechts und spannen die Leine. Nun folgt das Hörzeichen »Seit«. Gleichzeitig bewegen wir uns einen Schritt nach rechts. Folgt der Hund, wird er sofort für seine Arbeit belohnt. Möchten wir, dass der Hund sich nach links bewegt, erfolgt der gleiche Ablauf mit dem linken Arm. Auch hier gilt, wie bereits erwähnt, dass die Bestätigung sofort nach dem ersten Schritt in die richtige Richtung erfolgt. Nach und nach erhöhen wir die Anzahl der Schritte.

Verwendete Kommandos: »Watch/Schau«, »Seit«

Problemlösungen

- Der Hund bleibt nicht gerade am Bein: Hilfreich ist dabei eine zweite Person. Wir nehmen den Hund in die Mitte und die zweite Person geht gleichzeitig mit uns seitwärts. Dadurch bewegt sich der Hund ebenfalls gerade, da er den Füßen der Hilfsperson ausweichen muss. Befindet sich unsere Hilfsperson anfangs direkt am Hund, wird sie sich nach und nach immer weiter von ihm entfernen.
- Der Hund läuft schräg vor uns: Hilfreich hierbei ist das Kommando »Back«. Sobald er es hört, wird er sich wieder gerade nach hinten orientieren.

Gehen zwischen den Beinen: »Walk«

Wir locken den Hund mit Futter zwischen unsere Beine, sagen das entsprechende Kommando, zum Beispiel »Walk«, und bestätigen ihn, sobald er in der richtigen Position ist.

Manche Hunde haben eine natürliche Scheu, wenn sie sich zwischen unseren Beinen befinden. Oftmals ist ihnen die Berührung unangenehm oder sie haben Angst, getreten zu werden. Sollte dies der Fall sein, üben wir zuerst die Berührung des Hundes mit dem Bein oder Fuß. Das funktioniert folgendermaßen: Wir berühren unseren Hund leicht mit dem Fuß oder Bein und geben ihm dafür ein Leckerchen. Das heißt, für jede Berührung erhält unser vierbeiniger Freund eine Belohnung. Das üben wir so lange, bis es ihm nichts mehr ausmacht, wenn wir ihn berühren.

Anschließend können wir das Gehen zwischen den Beinen mit unserem Hund nach vorne und nach hinten üben. Nach und nach erhöhen wir die Anzahl der Schritte. Als weitere Variante können wir mit ihm aus der Walk-Position auch seitwärts nach rechts oder links gehen. Wir geben nur das Kommando »Walk«, da unser Hund sehr genau spürt, in welche Richtung wir uns bewegen. Auch hier erhöhen wir die Anzahl der Schritte nach und nach.

Verwendetes Kommando: »Walk«

Chill und Heike zeigen die Übung »Walk«, wobei der Hund zwischen den Beinen des Hundeführers geht und aufmerksam nach oben sieht.

Problemlösungen

- Der Hund hat Berührungsangst: Wir verwenden dafür den Clicker und machen ihm die Berührung damit angenehm. Das heißt, dass bei jeder Berührung ein Click erfolgt und er seine Belohnung erhält.

Beinslalom

Der Hund befindet sich auf der Fuß-Seite. Wir halten in beiden Händen eine Belohnung, mit dem rechten Bein machen wir einen großen Ausfallschritt nach vorne und locken den Hund mit der rechten Hand von links nach rechts durch das Bein und bestätigen sofort nach der Ausführung. Nun gehen wir mit dem linken Bein nach vorne, locken mit der linken Hand den Hund von rechts nach links und bestätigen auch hier sofort. Das wiederholen wir so lange, bis der Hund keine Belohnung mehr benötigt und ohne zu zögern durch unsere Beine geht. Die Anzahl der Slalomschritte kann täglich erhöht werden.

Verwendetes Kommando: »Slalom«

Den Beinslalom kann man auf verschiedene Arten verändern:

- das normale Vorwärtsgehen,
- das Rückwärtsgehen,
- die Beine nach rechts oder links kreuzen, auch Seitwärtsslalom genannt,
- im Stand in einer Acht um die Beine,
- um ein Bein herumgehen.

Im Folgenden erkläre ich noch einmal kurz, wie man diese Arten von Beinslalom trainiert und läuft.

Beinslalom rückwärts

Der Hund steht an unserer linken Seite, wir gehen mit dem linken Bein einen Schritt nach hinten. Der Hund geht nun durch die Beine auf unsere rechte Seite. Jetzt setzen wir das rechte Bein nach hinten und der Hund geht von rechts nach links. Der Aufbau erfolgt auf die gleiche Art wie bereits beim Beinslalom beschrieben.

Verwendete Kommandos: »Fuß«, »Hand«, Close/Bei«, »Slalom«

Das normale Vorwärtsgehen

Hier gehen wir, wie oben beschrieben, geradeaus und der Hund läuft im Slalom von rechts nach links durch unsere Beine. Den normalen Beinslalom können wir in verschiedenen Laufschritten verändern. Wir können den Beinslalom mit einem Zwischenschritt hüpfen oder wir heben unser Bein elegant nach vorne und setzen es erst ab, wenn der Hund durchgelaufen ist. Ich empfehle, all diese Möglichkeiten zu trainieren, denn es könnte auf unsere ausgewählte Musik passen.

Beim Slalom wird Gin mit einem Leckerchen von rechts nach links durch die Beine gelockt ...

Der Seitwärtsslalom

Diese Art, durch die Beine zu gehen, ist eine Koordinationsübung für den Menschen. Wir stellen uns in die Grundstellung, das heißt, dass sich der Hund in Fuß-Position befindet. Zuerst stellen wir das rechte Bein seitwärts ab und geben dem Hund das Kommando »Slalom«. Er sollte nun von vorne durch unsere Beine gehen. Sobald der Hund durchgegangen ist, stellen wir unser linkes Bein gekreuzt über das rechte ab. Jetzt geht unser Hund von hinten nach vorne durch unsere Beine. Anschließend folgt das rechte Bein, das wir wieder nach rechts stellen.

Diese Übung können wir ebenso nach links üben. Wir können uns auch den Slalom so vorstellen, dass wir einfach nur seitlich laufen und unsere Beine dabei in großen Abständen für den Hund kreuzen.

Eine Acht um die Beine

In einer Acht um die Beine zu gehnen, ist eine sehr beliebte Übung. Diese trainieren wir meistens mit Spielzeug. Wenn wir mit den Hunden spielen, kann man sie dabei sehr schön um die Beine locken.

Wir stellen uns in die Grätsche und locken den Hund von vorne

nach hinten und wieder von hinten nach vorne durch die Beine – entweder mit einem Spielzeug oder mit einem Leckerchen. Das Kommando lautet auch hier »Slalom«, da diese Übung die gleiche wie Beinslalom vorwärts ist, nur dass wir stehen bleiben und der Hund seinen Slalom alleine läuft.

▸ Um ein Bein herum

Diese Art von Beinslalom können wir aufteilen. Zum einen können wir die Übung im Laufen machen, die andere Möglichkeit ist, stehen zu bleiben.

Hier kann man jetzt verschiedene Kommandos geben, damit der Hund weiß, dass er nur um ein Bein herum gehen soll und nicht einen kompletten Slalom einlegen muss. Wir geben das Kommando »Round«. Als Erstes bleiben wir stehen und locken den Hund um ein Bein herum, geben ihm dabei das Kommando »Round« und loben ihn. Wenn das funktioniert, trainieren wir die Übung im Vorwärtslaufen. Diese Übung kann man später schön in einen Tanz einbauen, zum Beispiel an einem kurzen, spektakulären Punkt im Lied, wenn es einen Tempowechsel gibt oder bei bestimmten Tönen, die sich immer wieder wiederholen.

... und anschließend wieder von links nach rechts.

Nach jedem Seitenwechsel erhält Gin ein Leckerchen.

Problemlösung:

- Wird der Hund langsamer, wird er motiviert, indem wir das Spielzeug weit durch die Beine werfen.

Michael führt die Elo-Hündin Conny mit einem Leckerchen im Kreis herum und gibt das Kommando »drehen«.

Drehen

▸ Drehen vor dem Hundeführer

Bei dieser Übung dreht sich der Hund um die eigene Achse. Dazu nehmen wir ein Leckerchen in die rechte Hand und stellen uns vor den Hund. Jetzt halten wir ihm die Hand mit dem Leckerchen vor die Nase und locken ihn mit einer großen kreisförmigen Bewegung um seine Achse. Gleichzeitig erfolgt das Kommando »Drehen« oder »Twist«. Beherrscht der Hund die Drehung in eine Richtung, erfolgt der gleiche Aufbau in die andere. Hat der Hund das Kommando verstanden, bauen wir die Hilfsmittel langsam ab, indem wir kleinere Armkreise ziehen. Später erfolgt nur eine Handbewegung. Beim Tanzen reicht oft eine Bewegung des Fingers oder nur das Kommando »Drehen« als Hilfsmittel.

Verwendetes Kommando: »Drehen/Twist«

▸ Drehen am Bein

Die Ausgangsposition ist die Fuß-Position. Wir halten das Leckerchen in unserer linken Hand und führen mit einer kreisförmigen Bewegung des Armes den Hund links um seine eigene Achse. Das Gleiche gilt für die Hand-Position (auf der rechten Seite). Wir nehmen das Leckerchen in unsere rechte Hand und führen mit einer kreisförmigen Bewegung des rechten Armes den Hund rechts um seine eigene Achse. Auch hier wird – wie bereits beschrieben – nach und nach die Motivation abgebaut und es gibt nur ab und zu ein Leckerchen.

Verwendetes Kommando: »Drehen/Twist«

▸ Drehen gleichzeitig mit dem Hundeführer

Wichtig ist hierbei, dass der Hund die Übung »Drehen/Twist« verstanden hat. Es gibt zwei Varianten:

Variante 1:

▸ Drehen vor und mit dem Hundeführer:

Auch hier stellen wir uns vor den Hund, geben ihm das Kommando »Drehen« und drehen uns gleichzeitig um die eigene Achse. Da sich unser Hund beim Drehen erst einmal von uns weg bewegt, merkt er nicht, dass wir uns ebenfalls drehen. Sobald er es merkt, haben auch wir uns bereits gedreht und bieten ihm zur Belohnung ein Leckerchen an.

Verwendetes Kommando: »Drehen«

Variante 2:

▸ Drehen neben und mit dem Hundeführer: Die Ausgangsposition

Beim »Laufen um den Hundeführer« wird der Hund mit einem Leckerchen um den Hundeführer gelockt, während sich dieser in die Gegenrichtung des Hundes dreht. Diese Übung wird auf Seite 89 ausführlich erklärt.

ist die Fuß-Seite. Wir halten das Leckerchen in unserer linken Hand und geben das Kommando »Drehen«. Wir bewegen uns gleichzeitig in Richtung Hund und führen den Hund mit beiden Händen um die eigene Achse, während wir uns drehen. Zur Sicherheit – und damit unser Hund nach seiner Drehung weiß, wo er sich platzieren soll – geben wir das Kommando »Fuß«. Das Ganze können wir auch auf der Hand-Seite (unserer rechten Körperseite) durchführen.

Hierbei geben wir als letztes Kommando »Hand«, damit der Hund an unserer rechten Seite bleibt. Die Kommandos »Fuß/ Hand« sind Hilfskommandos, die wir zu einem späteren Zeitpunkt abbauen.

Verwendete Kommandos: »Drehen/Twist«, »Fuß«, »Hand«

▸ Drehen hinter dem Hundeführer

Hat der Hund die bisherigen Varianten verstanden und dreht sich nun sicher auf unser Kommando, möchten wir ihm zusätzlich beibringen, sich hinter uns zu drehen. Dazu stehen wir direkt vor ihm, nehmen unser rechtes oder linkes Bein zurück, je nachdem, welches für uns angenehmer ist, und halten in unserer dem Bein entsprechenden Hand ein Leckerchen. Mit dieser Hand machen wir eine kleine kreisförmige Bewegung und geben gleichzeitig das Kommando »Drehen«. Sobald der Hund sich gedreht hat, signalisieren wir ihm, dass er das erhoffte Leckerchen direkt hinter unserem Rücken findet. Mit der Zeit wird der Ausfallschritt nach hinten immer weiter verkürzt, bis wir zum Schluss gerade stehen. Diese Übung wiederholen wir so oft, bis der Hund verstanden hat, dass er hinter uns bleiben soll, und wir die Arme vorne behalten können.

Als weitere Steigerung der Übung drehen wir uns gleichzeitig mit dem Hund.

Verwendetes Kommando: »Drehen/ Twist«

Rollen

Diese Übung bauen wir in zwei Schritten auf:

Beim »Rollen« liegt der Hund auf der Seite und wird mit einem Leckerchen gelockt ....

Schritt 1

Am Anfang liegt der Hund so in Platz-Position, dass er uns anschaut. Wir halten das Leckerchen in der rechten Hand und führen es am Kopf des Hundes vorbei. Er wird dem Verlauf des Leckerchens folgen und sich selbstständig in die Seitenlage bringen.

Schritt 2

Hat er Schritt 1 verknüpft, versuchen wir den Hund anhand des Leckerchens so zu lenken, dass er über seinen Rücken rollt. Dazu wird die rechte Hand kreisförmig über den Kopf des Hundes geführt. Gleichzeitig kann man dem Hund mit der linken Hand eine kleine Hilfestellung geben, indem man die Hinterläufe sanft von rechts nach links bewegt. Dabei das Kommando »Rollen« nicht vergessen. Nach und nach werden die Leckerchen als Hilfsmittel abgebaut. Hat der Hund das »Rollen von rechts nach links« verstanden, übt man es auf die gleiche Art und Weise von links nach rechts.

Verwendetes Kommando: »Rollen«

Die verschiedenen Varianten:

- einfaches Rollen nach rechts oder links,
- mehrfaches Rollen hintereinander,
- Rollen in die Beine,
- Rollen durch die Beine.

Hier beschreiben wir noch einmal kurz die verschiedenen Varianten und wie man sie trainieren kann.

▸ »Einfaches Rollen nach rechts oder links«

Diese Variante ist die erste, die wir unserem Hund beibringen. Die Übung wird weiter oben genau beschrieben. Wichtig ist, dass man von

... damit er sich über den Rücken auf die andere Seite rollt. Wenn er wieder im »Platz« liegt, bekommt er die Belohnung.

Anfang an das Rollen in beide Richtungen übt. Sonst hat man es später schwer, wenn die eine Seite sitzt und man die andere trainieren möchte. Der Hund wird uns nämlich immer die Seite zeigen, die er schon kann. Sollte das der Fall sein, empfehlen wir, die Ruhe zu bewahren und dies nicht zu bestätigen, nicht zu belächeln oder sich darüber zu freuen. Wir ignorieren es und versuchen unserem Hund die Übung so zu vermitteln, dass er sich in die Richtung rollt, die er noch nicht beherrscht. Dies gilt nicht nur für die Rolle, sondern für alle Übungen.

▸ »Mehrfaches Rollen hintereinander«

Hat der Hund die Übung verinnerlicht, können wir ihn auch mehrere Rollen hintereinander machen lassen. Wir empfehlen auch hier nicht gleich vier oder fünf Rollen hintereinander. Am besten ist, es ganz langsam zu steigern. Erst eine Rolle, dann zwei und so weiter. Vergessen Sie nicht zu bestätigen.

▸ Rollen in die Beine

Wir stellen uns auf die Seite, in deren Richtung sich der Hund bislang am besten rollt, legen den Hund ins Platz und stellen uns ein bis zwei Fußbreiten vom Hund weg. Angenommen, unser Hund rollt nach rechts, dann heben wir unser linkes Bein hoch und geben dem Hund das Kommando »Rollen«. Wenn der Hund rollt, stellen wir langsam und vorsichtig unser Bein auf der linken Seite ab. Nun ist diese Übung fertig und der Hund liegt zwischen unseren Beinen. Diesen Schritt trainieren wir, bis der Hund das Kommando verstanden hat. Wenn der Hund anfängt sich zu rollen, heben wir unser Bein. Wir dürfen nicht vergessen, mit ihm zu trainieren auch von der anderen Seite uns zwischen die Beine zu rollen.

▸ Rollen durch die Beine

Das »Rollen durch die Beine« ist der Übung »Rollen in die Beine« sehr ähnlich. Wir beginnen genauso. Der Hund liegt auf der Fuß-Seite im Platz, wir stehen ein bis zwei Fußbreiten von ihm entfernt und geben das Kommando »Rollen«. Rollt sich der Hund, stellen wir zuerst das linke Bein rechts vom Hund ab. Ist er fertig, nehmen wir auch noch das rechte Bein auf seine linke Seite. Dies wiederholen wir so oft, bis wir dem Hund das Kommando »Rollen« sagen und gleichzeitig über ihn hüpfen können. Es ist ratsam, bei dieser Übung sehr langsam vorzugehen, damit sich der Hund nicht erschreckt und Angst vor der Übung bekommt.

Problemlösungen

- Versteht der Hund nicht, in welche Richtung er sich rollen soll, benutzen wir für die linke und rechte Rolle verschiedene Kommandos, zum Beispiel »Rechtsrolle« oder »Linksrolle«. Wichtig ist, dass wir nur bestätigen, wenn er zur angesagten Seite rollt.

Kriechen

Wir legen den Hund ins Platz, gehen in die Hocke und halten ein Leckerchen in der rechten Hand. Dann zeigen wir dem Hund das Leckerchen und veranlassen ihn, dem Leckerchen zu folgen, indem wir unsere Hand am Boden von ihm weg bewegen. Gleichzeitig legen wir die linke Hand auf den Rücken des Hundes und versuchen ihn mit sanftem Druck streichelnd unten zu halten. Wichtig ist, dass die rechte Hand langsam am Boden entlang bewegt wird, damit der Hund die Möglichkeit hat, die gewünschte Übung auszuführen. Zusätzlich geben wir das Kommando »Kriechen«. Am Anfang sind wir zufrieden, wenn er sich nur wenige Zentimeter von der Stelle bewegt. Nach und nach dehnen wir die Übung aus bis er auch längere Strecken kriechen kann.

Wir richten uns Stück für Stück neben dem Hund auf, bis wir gerade stehen. Anfangs können wir ihm noch helfen, indem wir ebenfalls gebückt laufen. Später bleiben wir in aufrechter Haltung, es sei denn, es passt zu dem ausgesuchten Lied. Hat der Hund die Übung verstanden, genügt zukünftig das Hörzeichen »Kriechen«.

Beim »Kriechen« wird der Hund mit einem Leckerchen in Bodennähe gelockt. Am Anfang streichelt man mit der Hand unterstützend über den Rücken. Später braucht man diese Hilfe nicht mehr.

Soll er auf uns zukriechen, wird er ins Platz gelegt und wir entfernen uns ein paar Schritte von ihm. In gebückter Haltung geben wir nun das Kommando »Kriechen«, gleichzeitig locken wir ihn mit einem Leckerchen. Langsam vergrößern wir die Distanz.

Verwendete Kommandos: »Platz«, »Kriechen«

Der Border Collie Rüde BJ kann ganz ohne Hilfsmittel neben seinem aufrecht gehenden Hundeführer herkriechen.

▸ Kriechen zwischen den Beinen

Soll der Hund zwischen unseren Beinen kriechen, stellen wir uns über ihn und locken ihn mit Kommando und Leckerchen vorwärts. Kriechen im Slalom durch die Beine ist eine Kombinationsübung aus Beinslalom und Kriechen (siehe auch Kriechslalom).
Diese Übung trainieren wir erst, wenn der Hund ohne Hilfe neben uns kriechen kann.

Tipp

Die Übung »Kriechen zwischen den Beinen« ist später sehr schön mit »Rollen in die Beine« kombinierbar.

Zuerst stellen wir uns mit dem Leckerchen in der Hand über den Hund und beugen uns mit dem Oberkörper zu ihm hinunter, um ihm die Übung »Kriechen zwischen den Beinen« zu erleichtern. Nach einigen Wiederholungen können wir den Oberkörper Stück für Stück aufrichten. Wichtig ist, dass wir ihm die Belohnung geben, während er zwischen unseren Beinen kriecht.

Verwendetes Kommando: »Kriechen«

▸ Dem Hundeführer entgegenkriechen

Bei dieser Übung kriecht uns der Hund aus einiger Entfernung entgegen. Das wird auch »Distanzen kriechen« genannt. Die Übung sollte sehr langsam aufgebaut werden. Hier ist es wichtig, dass der Hund das Kommando »Kriechen« verstanden hat und die Übung überall anstandslos ausführt. Zu Beginn stehen wir vor dem Hund, legen ihn ins Platz und entfernen uns zwei Schritte nach hinten. Der Hund sollte liegen bleiben. Dann geben wir das Kommando »Kriechen« und loben den Hund sofort, wenn er zu uns gekrochen ist.

Nach und nach wird die Distanz erhöht. Es ist wichtig, dass wir den Hund nicht überfordern, indem wir uns anfangs zu weit entfernen. Denn dann wird er vermutlich aufstehen und die Übung nicht ausführen. Tut er das, sind wir zu schnell vorgegangen. Ignorieren Sie das Aufstehen und gehen Sie im Übungsaufbau einen Schritt zurück. Beenden Sie die Übung immer mit einem Erfolg für Hund und Hundeführer. Die Kriechdistanz kann beliebig erweitert werden.

Verwendete Kommandos: »Platz«, »Kriechen«

Er ist sogar schon so fortgeschritten, dass er »kriechen« und »Slalom« zum »Kriechslalom« kombinieren kann.

▸ Kriechslalom

Wir nehmen den Hund in die Grundstellung (auf die Fuß-Seite) und geben ihm das Kommando »Kriechen«. Sobald er sich in Bewegung setzt, gehen wir mit dem rechten Bein nach vorne, locken ihn gleichzeitig mit einem Leckerchen und dem Kommando »Slalom« zwischen unseren Beinen hindurch und bestätigen auf der rechten Seite. Sogleich geben wir erneut das Kommando »Kriechen« zur Absicherung. Wir setzen nun unser linkes Bein nach vorne und locken ihn mit einem Leckerchen und dem Kommando »Slalom« kriechend von rechts nach links. Allmählich erhöhen wir die Anzahl der Schritte und bauen unsere Hilfsmittel ab.

Verwendete Kommandos: »Kriechen«, »Slalom«

Ein fetziges Ballspiel zwischendurch erleichtert das erneute Konzentrieren auf neue Übungen und hält den Hund bei Laune.

▸ Kriechen hinter dem Hundeführer

Kennt der Hund das Kommando »Kriechen«, können wir ihn auch hinter uns herkriechen lassen. Dazu legen wir den Hund ins Platz und stellen uns mit ihm zugewandtem Rücken vor ihn. Dann drehen wir uns zuerst mit dem Oberkörper leicht zu ihm um und geben ihm das Kommando »Kriechen«. Falls nötig, können wir dem Hund auch ein zusätzliches Handzeichen geben, indem wir mit der flachen, waagerecht gehaltenen Hand zum Boden zeigen. Schritt für Schritt bauen wir anschließend unsere Hilfen ab. Das Übungsziel ist, dass der Hundeführer mit aufrechtem Oberkörper vor dem Hund laufen kann, während der Hund korrekt hinter ihm herkriecht.

Verwendete Kommandos:
»Kriechen«, »Platz«

Verschiedene Varianten:

- Kriechen neben dem Hundeführer
- Kriechen zwischen den Beinen,
- Kriechen dem Hundeführer entgegen,
- Kriechen im Slalom durch die Beine,
- Kriechen hinter dem Hundeführer.

Problemlösungen

- Der Hund kriecht mit erhobenem Hinterteil: Wir gehen wieder einige Schritte zurück, veranlassen den Hund mithilfe eines Leckerchens zu kriechen und bestätigen, sobald er eine Vorwärtsbewegung zeigt. Dabei ist wichtig, dass wir die Hand, in der wir das Leckerchen halten, nur ganz langsam bewegen.

Schleichen

Ziel dieser Übung ist, dass der Hund in geduckter Haltung gemeinsam mit uns zu einem Gegenstand schleicht. In einem Tanz mit einem Stock oder Hut können wir den Hut oder Stock wegwerfen oder hinlegen und uns gemeinsam mit dem Hund entfernen. Dann schauen Hund und Mensch passend zur Musik zu dem Gegenstand und gehen ein bis zwei Schritte vor. Nach ein paar Schritten bleiben die beiden kurz stehen und Hund und Mensch sehen sich an. Als Nächstes könnten sie gemeinsam näher zu dem Hut oder Stock schleichen. Die Teilschritte hinschleichen, stehen bleiben und anschauen wiederholen sich stetig.

Dieses Schleichen, das wir beschreiben, kann man an den mit Schafen arbeitenden Border-Collies beobachten. Sie fixieren das zu hütende Tier mit den Augen in geduckter Haltung.

Zuerst trainieren wir den Hund darauf, sein Spielzeug anzuschauen. Der Hund sollte bei dieser Übung ein Halsband tragen, damit wir ihn festhalten können. Wenn wir das Spielzeug abgelegt haben, rennen wir gemeinsam vier bis sechs Meter von dem Spielzeug weg, halten ihn am Halsband fest und geben ihm ein Kommando, damit er auf sein Spielzeug sieht (z.B. »Look«). Reagiert er auf das Kommando und schaut, gibt es drei Varianten, den Hund zu bestätigen:

1. Wir lassen den Hund zu seinem Spielzeug.
2. Wir clicken für das Schauen und er bekommt sein Futter.
3. Er bekommt sein Leckerchen ohne Clicker.

Die erfolgreichste Variante ist wahrscheinlich, ihn zum Spielzeug laufen zu lassen, denn da möchte er unbedingt hin. Allerdings ist das von Hund zu Hund verschieden. Der Nachteil beim Clicker ist hier, dass der Hund eher dazu neigt, uns anzusehen. Das sollte er in der Aufbauphase dieser Übung jedoch nicht tun. Wir wiederholen die Übung so lange, bis der Hund es nicht mehr abwarten kann, zu seinem Spielzeug zu gelangen, und dieses auch nicht mehr aus den Augen lässt. Im nächsten Schritt legen wir sein Spielzeug wieder in vier bis sechs Meter Entfernung ab und gehen weg. Dann geben wir dem Hund das Kommando »Look«. Schaut er zu seinem Spielzeug, loben wir ihn, gehen zwei Schritte auf das Spielzeug zu und geben dann das Kommando »Steh«. Steht er, loben wir ihn und lassen ihn zum Spielzeug rennen. Wenn wir den Hund am Halsband festhalten, erhöht das seine Spannung auf

das Spielzeug. Diese Übung steigern wir und variieren den Übungsablauf, sodass der Hund nicht weiß, wann er zum Spielzeug laufen darf. Den letzten Übungsabschnitt beginnen wir wie immer: Wir legen das Spielzeug hin, entfernen uns und geben dem Hund das Kommando »Look«. Dann gehen wir ein bis zwei Schritte auf das Spielzeug zu und geben das Kommando »Steh«, loben ihn mit der Stimme und geben ihm dann das Kommando »Watch«, damit er uns ansieht. Macht er das, loben wir ihn mit Futter oder mit dem Clicker. Danach geht es mit dem Kommando »Look« weiter, wir gehen ein paar Schritte und es folgt das Kommando »Steh«. Sobald der Hund steht, geben wir das nächste Kommando: »Watch«. Zum Schluss darf der Hund immer zu seinem Spielzeug rennen. Bei dieser Reihenfolge sollte man den Hund genau beobachten, damit man ihn zum rechten Zeitpunkt für die jeweilige Übung belohnt. Bei einem Hund, der stark auf sein Spielzeug fixiert ist und Schwierigkeiten mit dem Kommando »Watch« hat, loben wir die Ausführung dieses Kommandos ausgiebig. Sieht der Hund nicht so gern auf das Spielzeug, dann üben wir »Watch« erst gar nicht oder lassen ihn sehr oft zu seinem Spielzeug rennen, damit er das Kommando »Look« auch versteht. Hat er alle drei Kommandos gelernt und kennt den Ablauf der Übungen, nehmen wir nicht mehr sein Lieblingsspielzeug, sondern versuchen es mit einem anderen Gegenstand, damit wir irgendwann das Schleichen mit einem Stock, Hut oder Ähnlichem in den Tanz integrieren können.

Das Schleichen hat nichts mit der Übung »Kriechen« zu tun, es ist eine separate Übung.

Verwendete Kommandos: »Look«, »Steh«, »Watch«

Pfötchen, Winken, Paradeschritt

▶ Pfötchen geben

Der Hund sitzt vor uns, wir nehmen ein Leckerchen in die geschlossene Hand und halten es ihm vor die Nase. Der Hund wird nun mit allen Tricks versuchen, das Leckerchen aus unserer Hand zu bekommen. Wahrscheinlich wird er dazu die Pfote anheben und auf unsere Hand legen, denn oft versuchen Hunde mit ihren Pfoten zum Ziel zu gelangen.

Soll er eine bestimmte Pfote anheben – zum Beispiel die rechte –, halten wir ihm die linke Hand an die rechte Nasenseite und schieben gleichzeitig die Nase mit leichtem Druck zu unserer rechten Schulter. Dadurch verlagert er sein Gewicht auf das linke Bein und muss seine rechte Pfote heben. Anfangs bestätigen wir bereits die kleinste Bewegung. Hat er verstanden, dass er die Pfote bei dem Kommando »Pfötchen« anheben soll, bestehen wir darauf, dass er uns seine Pfote in die Hand oder auf den Arm legt, bevor er das Leckerchen bekommt. Nach und nach bauen wir das Hilfsmittel ab. Soll er die linke Pfote anheben, erfolgt der Aufbau seitenverkehrt.

Für das Winken sowie für den Paradeschritt ist es hilfreich, wenn wir für jedes Bein des Hundes ein separates Kommando verwenden. Zum Beispiel »Pfötchen« für das rechte Bein und »Tap« für das linke.

Verwendete Kommandos: »Pfötchen«, »Tap«

▸ Pfötchen geben auf das Knie

Hat der Hund gelernt, sein Pfötchen in unsere Hand zu legen, und kann er beide Vorderbeine je nach Kommando anheben, gibt es eine tolle Variante, dem Hund beizubringen, das Pfötchen auf unser Knie zu legen. Dazu heben wir das rechte Bein an, das leicht angewinkelt zum Hund zeigt, der gerade vor uns sitzt, legen die rechte Hand auf unser Knie und geben dem Hund das Kommando »Tap«. Der Hund wird daraufhin seine linke Pfote auf die Hand legen. Daraufhin loben wir ihn und er erhält sofort seine Bestätigung. Das Gleiche trainieren wir mit dem anderem Bein unter Verwendung des Kommandos »Pfötchen«. Diese Übung wiederholen wir einige Male. Nachdem er den Übungsablauf kennt, bauen wir die Hand, die als Hilfsmittel dient, ab. Dazu halten wir das Leckerchen in der linken Hand, heben wieder unser rechtes

»Gib Pfötchen«

James gibt Pfötchen auf Nicoles Knie.

Bein und tun so, als würden wir wieder die Hand auf das rechte Bein legen, geben aber vorher das Kommando »Tap«. Der Hund wird seine Pfote auf das Bein legen, da er den Bewegungsablauf bereits kennt. Sofort bekommt er das Leckerchen aus der linken Hand. Dann wiederholen wir diese Übung auch auf der anderen Seite.

Verwendete Kommandos: »Pfötchen«, »Tap«

▸ Pfötchen geben auf den Fuß

Diese Übung ist der Übung »Pfötchen geben auf das Knie« sehr ähnlich und kann auf die gleiche Art ausgeführt werden, nur dass wir dabei nicht das Knie anwinkeln, sondern unseren Fuß leicht anheben. Diese Übung ist besonders für kleine Hunde geeignet.

Verwendete Kommandos: »Pfötchen«, »Tap«

▸ Winken

Kann der Hund durch unsere verschiedenen Kommandos rechts und links unterscheiden, geben wir zwei- bis dreimal dasselbe Kommando hintereinander – z. B. »Pfötchen«. Er wird jetzt von sich aus mehrmals das rechte Bein anheben. Wichtig ist, dass wir ihn am Anfang dafür sehr oft belohnen und auch andeuten, seine Pfote zu nehmen, damit er nicht die Lust verliert. Er sollte lernen, dass er beim Winken seine Pfote mehrmals nach oben hebt, ohne sie wieder auf den Boden zurückzustellen. Diese Übung können wir ihm auf beiden Seiten antrainieren. Anfangs geben wir noch die Kommandos »Pfötchen/Tap« und ersetzen diese im Laufe der Trainingszeit durch die Kommandos »Winken rechts/Winken links«.

Eine weitere Variante des Winkens ist, den Hund an unsere rechte oder linke Seite zu nehmen und ihm das entsprechende Kommando zu geben. Auch hier helfen wir anfangs noch mit den Händen nach, damit er versteht, was wir von ihm möchten. Wir können ihn auch zwischen unseren Beinen platzieren, um ihn dort mit seiner rechten oder linken Pfote winken zu lassen.

Nicole geht rückwärts, während James »winkt«.

Verwendete Kommandos: »Pfötchen/Tap«, »Winken rechts/links«

Beim »Paradeschritt« werden die Vorderbeine elegant nach oben gehoben, während sich Hund und Mensch langsam vorwärts bewegen.

Paradeschritt

Der Hund steht vor uns. Wir geben ihm abwechselnd das Kommando »Pfötchen« und »Tap«. Am Anfang zeigen wir ihm noch mithilfe der Hände, welches Bein er anheben soll. Gleichzeitig bewegen wir uns etwas nach hinten, damit er die Pfoten nach vorne absetzt. Dadurch lernt er die Vorwärtsbewegung.

Wir können den Paradeschritt an unserer Seite vom Hund ausführen lassen. Auch hier zeigen wir ihm anfangs mit den Händen, welches Bein er wie hoch heben soll. Nach und nach bauen wir die Hilfen mit den Händen ab und verwenden nur noch das Kommando. Beim Paradeschritt kann der Hund neben oder zwischen uns gehen. Hierzu setzen wir die erwähnten Hilfen ein.

Verwendete Kommandos:
»Pfötchen«, »Tap«

Verschiedene Variationen:

- Pfötchengeben auf die rechte oder linke Hand,
- Pfötchengeben auf das rechte oder das linke Knie,
- Pfötchengeben auf den rechten oder linken Fuß (sehr gut für kleine Hunde geeignet),
- Winken vor dem Hundeführer,
- Winken neben dem Hundeführer,
- Winken zwischen den Beinen des Hundführers,
- Paradeschritt vor oder hinter dem Hundeführer,
- Paradeschritt neben dem Hundeführer,
- Paradeschritt zwischen den Beinen des Hundeführers.

Problemlösungen

- Der Hund hebt seine Pfote nicht hoch genug an: Hier bestätigen wir nur dann, wenn er sie hoch genug hebt. Anfangs können wir ihn auch mit unserer Hand animieren, indem wir sie recht hoch halten.

Männchen

Beim Männchenmachen ist der Gleichgewichtssinn des Hundes gefragt. Für einige Hunde ist es leicht, für andere jedoch sehr schwer.

Geben Sie Ihrem Hund die nötige Zeit, damit er nicht den Spaß an der Übung verliert.

Es gibt zwei verschiedene Varianten: das stehende und das sitzende Männchen. Beide werden auf die gleiche Art und Weise trainiert. Bei der einen halten wir die Motivation über den Kopf des Hundes, locken ihn in die aufrechte Position und belohnen, sobald er auf zwei Beinen steht. Fällt es ihm nicht leicht, wird er bereits beim ersten Ansatz der Übung bestätigt. Anschließend dehnen wir die Übung Tag für Tag ein wenig aus. Hat der Hund es geschafft, die Balance zu halten, können wir ihn durch Locken dazu bewegen, auf zwei Beinen zu gehen.

Das Gleiche gilt für das »Sitzmännchen«. Der Hund sitzt und wir halten ein Leckerchen über seinen Kopf. Bereits der kleinste Ansatz des Aufrichtens wird belohnt. Er benötigt einige Zeit, um die Balance zu finden. Es kann lange dauern, bis er ein Sitzmännchen beherrscht. Man-

Conny übt das »Stehmännchen«, während Fly schon ein sehr ausbalanciertes »Sitzmännchen« beherrscht.

chen Hunden fällt das Sitzmännchen sehr leicht, dazu gehören überwiegend kleine Hunde. Aber auch große Hunde können es lernen und es stellt kein Problem für sie dar. Der eine oder andere braucht nur etwas länger, bis er sein Gleichgewicht halten kann.

Verwendete Kommandos: »Männchen«, »Sitzmännchen«

▸ Auf zwei Beinen rückwärts laufen

Beherrscht der Hund das »Stehmännchen«, können wir eine weitere Variante mit unserem Hund üben. Dabei ist das »Rückwärtslaufen auf zwei Beinen« leichter als das »Vorwärtslaufen auf zwei Beinen«. Dazu stellen wir uns vor den Hund und sagen ihm das Kommando »Männchen«. Sobald er in die Steh-Position geht, drehen wir uns seitlich zum Hund, sodass wir ihn mit der rechten Hand zurückführen können. Wir gehen neben dem Hund mit ihm zugewandtem Oberkörper. Bewegt er sich ein bis zwei Schritte rückwärts, bekommt er in der Männchen-Position sein Leckerchen. Diese Übung wiederholen wir sehr oft und erhöhen nach und nach die Anzahl der Schritte, die er zurückgehen soll. Als weiteres Hilfsmittel können wir zusätzlich das Kommando »Back« verwenden.

Die Übung »Auf zwei Beinen rückwärts laufen« kann später variiert werden. Es gibt die Möglichkeit, mit dem Hund vor uns, der seinen Rücken zu uns gedreht hat, gemeinsam zurückzulaufen. Oder wir stehen Rücken an Rücken. Der Hund läuft rückwärts von uns weg und wir laufen auch gleichzeitig vorwärts. Der Hund macht in kleiner Entfernung Männchen und läuft rückwärts auf den Hundeführer zu. Das sollten noch ein paar kleine Anregungen sein. Jede Übung kann man bis ins Unendliche ausbauen.

Verwendete Kommandos: »Männchen« und »Back«

▸ Auf zwei Beinen vorwärts laufen

Kann der Hund stehend rückwärts gehen, wird er das Vorwärtsgehen auch schnell lernen, denn er ist jetzt in der Lage, sehr lange sein Gleichgewicht zu halten. Deshalb dürfte es ihm jetzt nicht schwer fallen, einen Schritt nach vorne zu machen. Wir stellen uns vor ihn, geben das Kommando »Männchen« und gehen gleichzeitig einen Schritt zurück. Dabei halten wir ein Leckerchen in der Hand und locken ihn einen Schritt nach vorne. Führt er das Kommando aus, loben wir ihn ausführlich und er bekommt das Leckerchen, solange er sich noch in der Männchenposition befindet.

Verwendete Kommandos: »Männchen« und »Komm«

»Auf zwei Beinen seitwärts laufen«

Diese Übung wird wie vorwärts und rückwärts gehen beigebracht. Dazu stellen wir uns am besten in die Fuß-Position, geben unserem Hund wieder das Kommando »Männchen« und gehen auf ihn zu. Er wird einen Schritt zur Seite machen und wir loben ihn in der Männchen-Position. Kennt er das Kommando »Seit«, können wir es als Zusatzkommando verwenden. Am Anfang loben wir bereits immer beim ersten Schritt, nach und nach warten wir auf den zweiten und dann auf den dritten, bis wir ihn loben.

Verwendete Kommandos: »Männchen« und »Seit«

Auf der Stelle drehen

Wir stehen vor dem Hund, halten ein Leckerchen in der Hand und geben das Kommando »Männchen«. Anschließend führen wir ihn mit dem Leckerchen im Kreis. Hierbei können wir das Zusatzkommando »Drehen« verwenden. Das endgültige Kommando lautet »Männchen dreh«. Am Anfang lassen wir ihn nur eine halbe Drehung ausführen und loben ihn in der Männchen-Position. Erst wenn er die halbe Drehung beherrscht, versuchen wir eine ganze Drehung.

Verwendetes Kommando »Männchen dreh«

Die verschiedenen Varianten:

- Stehmännchen,
- Sitzmännchen,
- Auf zwei Beinen vorwärts laufen,
- auf zwei Beinen rückwärts laufen,
- auf zwei Beinen seitwärts laufen,
- auf der Stelle drehen.

Der Border Collie BJ steht bereits so sicher auf zwei Beinen, dass er sich dabei im Kreis drehen kann.

Buster verbeugt sich. Als Hilfestellung wird er mit einem Leckerchen vor der Nase und einer Hand unter dem Bauch unterstützt.

Verbeugen

Den meisten Hunden fällt diese Übung sehr leicht, da sie sich nach dem Schlafen ohnehin strecken. Sobald wir das beobachten, geben wir das Kommando »Verbeugen« und belohnen den Hund. Man kann das Verbeugen auch trainieren. Dazu stellen wir den Hund an unsere rechte Seite und halten den rechten Arm unter den Bauch des Hundes. Dadurch wird verhindert, dass er sich hinlegt. Mit der linken Hand führen wir ein Leckerchen vor der Hundeschnauze in Richtung Boden. Der Hund sollte mit seinem Kopf folgen und dabei mit seiner Vorhand in die Platz-Position gehen. Gleichzeitig erfolgt das Kommando »Verbeugen«. Das üben wir, bis die Hilfestellung des Armes nicht mehr benötigt wird. Zuerst sind wir in der Hocke bei unserem Hund. Nach und nach versuchen wir, uns hinzustellen und den Arm wegzulassen. Gelingt uns das, können wir versuchen, das Kommando »Verbeugen« von allen Richtungen und Seiten zu trainieren. Es empfiehlt sich auch, den Hund etwas länger im »Verbeugen«

Im nächsten Schritt wird nur noch das Leckerchen vor die Nase gehalten und der Hundeführer richtet sich etwas auf.

zu lassen. Wenn wir später auf Distanz trainieren, ist es hilfreich, wenn der Hund sich so lange verbeugt, bis wir ihm ein Aufhebungskommando geben. Dies gilt grundsätzlich für alle Übungen.

▸ Auf Distanz verbeugen

Wie bekommen wir den Hund dazu, sich auf Distanz zu »verbeugen«?

Kennt der Hund die Übung, entfernen wir uns einen Schritt, dabei wiederholen wir das Kommando. Verbeugt er sich, wird er gelobt und bekommt seine Belohnung. Bei der nächsten Übungseinheit gehen wir zwei Schritte zurück und geben wieder das Kommando »Verbeugen«. Die Übung wird auf eine Entfernung von 15–20 Schritten ausgedehnt.

Verwendete Kommandos: »Verbeugen«, evtl. »Bleib« und das entsprechende Aufhebungskommando

Problemlösungen

- ▸ Der Hund legt sich ins Platz: Wir sollten ihn aus der Verbeugung nie ins Platz legen. Nach dem Verbeugen rufen wir ihn freudig, sodass er aufsteht.

Schämen

Beim Schämen streift sich der Hund mit seiner Pfote über die Schnauze. Das erreicht man am einfachsten, indem man dem Hund ein weiches Haargummi über die Schnauze zieht. Er wird versuchen, das Haargummi mit der Pfote abzustreifen. Dabei sagt man ihm das Kommando »Schämen«. Diese Übung wiederholt man so lange, bis der Hund das Kommando verknüpft hat.

Bei manchen Hunden reicht es, wenn man ihnen auf den Nasenrücken pustet.

Hat der Hund erst einmal das Kommando »Schämen« verknüpft, kann man es in verschiedenen Varianten üben.

Verwendetes Kommando: »Schämen«

▸ Das Schämen im Platz

Unser Hund liegt im Platz, nimmt seine Pfote und streift sie über die Schnauze.

Verwendetes Kommando: »Schämen«

Um dem Hund das »Schämen« beizubringen, zieht man ein weiches Haargummi über den Fang. So wie Fly hier im Bild, wird auch Ihr Hund versuchen, es mit der Pfote abzustreifen.

Fly schämt sich im Liegen.

Das Schämen auf der Seite

Voraussetzung dieser Übung ist, dass sich der Hund auf die Seite legen kann. Dazu nehmen wir ein Leckerchen in die Hand, knien uns auf den Boden und führen ihn mit dem Leckerchen aus dem Platz in die Seitenlage. Verwenden Sie das Kommando »Peng«. Dies üben wir ein paarmal, bis der Hund das Kommando »Peng« verknüpft hat. Drücken Sie ihn beim Übungsaufbau nicht zur Seite, denn dadurch hat der Hund keine Chance, die Übung korrekt zu lernen.

Dann gehen wir zu unserer ursprünglichen Übung zurück, dem Schämen. Kennt der Hund beide Kommandos, brauchen wir sie nur noch zu verbinden. Dazu geben wir zuerst das Kommando »Peng« und wenn er auf der Seite liegt, das Kommando »Schämen«.

Verwendete Kommandos: »Platz«, »Peng«, »Schämen«

Schämen im Verbeugen

Hat der Hund schon das Kommando »Verbeugen« gelernt, kann er sich auch im Verbeugen schämen. Wir beginnen, indem wir ihm das Kommando »Verbeugen« geben. Hat er sich verbeugt, so folgt das Kommando »Schämen«. Führt er es aus, bekommt er sofort sein Leckerchen. Wenn er sich ins Platz legt, ist das kein Problem. Wir geben ihm erneut das Kommando »Verbeugen« und loben ihn, wenn er dort bleibt. Wir können evtl. im »Verbeugen« als Zusatzkommando »Bleib« verwenden. Als Nächstes versuchen wir es noch einmal mit dem Kommando »Schämen« und loben ihn beim kleinsten Ansatz. Dies wiederholen wir, bis er sich im Verbeugen schämt.

Verwendete Kommandos: »Verbeugen«, »Schämen« und evtl. nach Bedarf »Bleib«

- **Schämen im Sitz**

Der Übungsaufbau ist der gleiche wie beim Schämen im Platz. Wir geben dem Hund das Kommando »Sitz« und dann »Schämen«. Vergessen Sie das Loben nicht!

Verwendete Kommandos: »Sitz« und »Schämen«

- **Schämen am Tisch**

Diese Übung ist nicht jedermanns Sache, denn hierbei muss der Hund mit den Vorderpfoten auf den Tisch springen. Hat er die Pfoten oben, sollte er bei dem Kommando »Schämen« seinen Kopf zwischen die Beine halten.

Zuerst geben wir ein Kommando, bei dem er die Pfoten auf den Tisch legen soll, beispielsweise »Hopp«. Dann nehmen wir ein Leckerchen in die Hand und halten es ihm von unten zwischen die Vorderbeine. Dadurch muss er seinen Kopf nach unten strecken. Macht er das, bekommt er sofort sein Leckerchen. Diese Übung wird so lange wiederholt, bis er das verwendete Kommando verknüpft hat und seinen Kopf von alleine auf das Kommando hin nach unten streckt.

Verwendete Kommandos: »Hopp« und »Schämen«

Die verschiedenen Varianten:
- im Platz,
- auf der Seite,
- im Verbeugen,
- im Sitz,
- am Tisch.

Polonaise

Bei der Polonaise marschiert der Hund auf den Hinterbeinen und stützt sich mit den Vorderpfoten am Rücken des Hundeführers ab. Für mittelgroße oder große Hunde sollte das kein Problem sein. Für kleine Rassen empfehlen wir, den Hund an der Wade marschieren zu lassen. Der Aufbau ist derselbe. Wir stellen uns mit dem Rücken zum Hund,

Enzo und BJ bei der Polonaise.
Kleine Hunde können sich gut an der Wade festhalten.

Conny lernt über die Arme zu springen. Am Anfang wird sie durch einen Stock und eine seitliche Begrenzung unterstützt. Nach und nach werden die Hilfsmittel »Begrenzung« und »Stock« abgebaut ...

halten ein Leckerchen in der Hand und versuchen ihn dazu zu bringen, sich mit den Vorderpfoten auf unseren Rücken zu stützen. Springt er hoch, bekommt er sofort das Leckerchen. Hat er diese Teilübung verknüpft, versuchen wir uns Schritt für Schritt in Bewegung zu setzen. Das Kommando zu dieser Übung heißt »Hoch«. Geht er ein paar Schritte an unserem Rücken auf das Kommando, versuchen wir, eine Hand nach vorne zu nehmen. Wenn er in dieser Position bleibt, nehmen wir beide Hände nach vorne.

Verwendetes Kommando: »Hoch«

Springen in/über/durch die Arme/Beine/den Rücken

▸ **Springen über die Arme/Beine**

Diese Übung bauen wir schrittweise auf.

1. Schritt:

Zuerst lernt der Hund, auf Kommando »Hopp« über eine Stange zu springen. Wir suchen uns dazu eine Begrenzung, gehen in die Hocke und zeigen mit dem Ball oder Leckerchen die Richtung an, in die der Hund springen soll. Springt er ohne Probleme in beide Richtungen, gehen wir zum nächsten Schritt über.

2. Schritt:

Wir setzen den Hund etwa einen Meter vor der zu überspringenden Stange ab. Nun legen wir zusätzlich unseren Arm auf die Stange. Diese

dient uns als Armverlängerung. Wir stehen immer noch an einer Begrenzung, sodass der Hund nicht die Möglichkeit hat, um die Stange oder uns herumzulaufen. Wieder lassen wir den Hund auf das Kommando »Hopp« springen. Da wir uns neben der Stange befinden, können wir zusätzlich als Hilfsmittel einen Ball verwenden, den wir in Sprungrichtung werfen. Der Sprung wird in beide Richtungen geübt.

3. Schritt:

Hier gilt das Gleiche wie im zweiten Schritt, wir entfernen uns jedoch nach und nach von der Begrenzung.

4. Schritt:

Die Stange, über die der Hund springt, wird immer kürzer, bis nur noch der Arm überwunden werden muss.

5. Schritt:

Wir üben das Springen über beide Arme. Anfangs halten wir in beiden Händen ein Leckerchen oder ein Spielzeug und lassen den Hund mit dem Hörzeichen »Hopp« von hinten

... bis die Hündin nur noch über den Arm springt.

nach vorne über den linken Arm springen, dabei halten wir die Motivation mit der rechten Hand auf unseren linken Arm. Sobald der Hund springt, wird er belohnt. Dann zeigen wir mit der linken Hand auf unseren rechten Arm, geben das Kommando »Hopp« und bestätigen mit dem Leckerchen oder dem Ball, sobald der Hund gesprungen ist. Langsam erhöhen wir die Anzahl der hintereinander folgenden Sprünge.

Beim Aufbauspringen über die Beine benötigen wir keine Stange, da unser Bein die nötige Länge hat. Ansonsten bleiben die vorher genannten Schritte für den Aufbau der Übung gleich.

Verwendetes Kommando: »Hopp«

Problemlösungen

- Der Hund springt auf den Körper seines Hundeführers: Wir gehen einen Schritt zurück und lassen ihn wieder über einen Stock springen wie zu Anfang. Eine weitere Möglichkeit ist, eine Hilfsperson zu bitten, dem Hund sein Spielzeug zu zeigen und sobald er gesprungen ist, dieses zu werfen.

Auf dem unteren Bild ist ein perfekter Sprung übers Bein zu sehen.

Enzo springt durch Ruths Arme.

▸ Springen durch die Arme

Auch hier gelten die vorher genannten Schritte 1 bis 4. Zusätzlich beginnen wir ab dem zweiten Schritt unseren zweiten Arm über der Stange zu halten. Anfangs sind die Arme noch weit geöffnet, doch langsam schließen wir die Arme, bis sie einen Kreis bilden. Um dem Hund verständlicher zu machen, was wir möchten, können wir hierfür auch ein anderes Hörzeichen verwenden wie zum Beispiel »Durch«.

Verwendete Kommandos: »Hopp«, »Durch«

▸ Springen in die Arme

Bei dieser Übung setzen wir uns auf einen Stuhl und versuchen den Hund durch das Kommando »Hopp« auf unseren Schoß zu locken. Hat er Probleme mit der Nähe, beginnen wir am Boden sitzend. Wir locken ihn, indem wir unseren Oberkörper etwas nach hinten legen, mit einem Leckerchen auf unseren Schoß. Hat er verstanden, dass ihm nichts passiert, versuchen wir es erneut mit dem Stuhl. Am Anfang belohnen wir bereits den kleinsten Versuch.

Springt er auf unseren Schoß, gehen wir einen Schritt weiter. Wir stellen uns noch etwas gehockt hin und geben das Hörzeichen »Hopp«, damit er in unsere ausgestreckten Arme springt. Springt er ab, erfolgt das Hörzeichen »Hopp« und wir gehen gleichzeitig in die Knie, um ihn auffangen zu können.

Verwendetes Kommando: »Hopp«

▸ Über den Rücken springen

Hierzu benötigen wir wieder einige Hilfsmittel, beispielsweise zwei Wasserkästen und ein Brett. Bitte bauen Sie die Übung langsam auf, denn häufiges Springen kann gesundheitsschädlich sein. Zusätzlich können Sie bei dieser Übung eine zweite Person einsetzen, die Ihnen hilft, den Hund über die Hürde zu locken.

1. Schritt:
Wir stellen die Wasserkästen auf, legen ein Brett darüber und geben

Die Übung »Springen in die Arme« wird zuerst geübt, indem der Hundeführer auf einem Stuhl sitzt. Wenn es im Sitzen klappt, springt der Hund dem stehenden Hundeführer in die Arme.

dem Hund das Kommando »Hopp«, damit er über das Brett springt. Das üben wir so lange in beide Richtungen, bis der Hund die Hürde problemlos überspringt.

2. Schritt:
Nun lassen wir den Hund ein paar Meter vor der Hürde warten, kriechen selbst unter diese und geben ihm das Kommando »Hopp«. Das üben wir von beiden Seiten bis es der Hund verstanden hat.

3. Schritt:
Jetzt verwenden wir ein schmaleres Brett, sodass der Hund beim Springen mehr vom Rücken sehen kann. Auch hier gilt: von beiden Seiten aufbauen, bis er beim Kommando »Hopp« anstandslos über uns hinwegspringt.

4. Schritt:
Wir nehmen die Wasserkästen noch als Begrenzung, aber wir legen kein Brett mehr darüber. Wir gehen zwischen den Kästen in die gebückte Haltung und geben das Kommando »Hopp«. Springt der Hund, können wir zusätzlich einen Ball als Motivation in Sprungrichtung werfen. Auch hier wieder von beiden Seiten üben, bis er die Übung verstanden hat.

5. Schritt:
Nun folgt der letzte Schritt. Wir bücken uns ohne Hilfsmittel und geben dem Hund das Kommando »Hopp«. Springt er, wird er sofort mit Lob und Ball oder Futter bestätigt.

Verwendetes Kommando: »Hopp«

▸ Springen auf den Rücken

Hier benötigen wir die gleichen Hilfsmittel wie bei der vorherigen Übung: zwei Wasserkästen und ein Brett. Der Aufbau erfolgt ebenfalls in fünf Schritten. Der einzige Unterschied besteht darin, dass der Hund nun nicht über, sondern auf das Brett springt.

Verwendetes Kommando: »Hopp«

▸ Springen durch das Bein

Springen durch das Bein ist sehr leicht, wenn der Hund das Kommando »Hopp« schon kennt.

Als Erstes setzen wir den Hund vor uns ab und gehen zwei Schritte von ihm weg. Wir drehen uns zum Hund, heben den rechten Fuß an und stellen ihn angewinkelt an un-

Chill springt von vorne durch das angewinkelte Bein ...

ser linkes Knie. Es sollte dann ein Dreieck ergeben. Mit der rechten Hand greifen wir durch das Dreieck und locken den Hund mit dem Kommando »Hopp«. Wenn er die Bewegung kennt, kann man auch das Kommando »Durch« verwenden. Damit verhindern wir, dass der Hund Übungen verwechselt. Wenn wir »Hopp« sagen, kann das in diesem Moment zwei Dinge bedeuten: Er soll über oder durch das angewinkelte Bein springen. Deshalb sollte man ein anderes Kommando für »durch das Bein springen« verwenden. Am Anfang ist das »Hopp«-Kommando nur zur Hilfe gedacht, die wir nach zwei- oder dreimaligem Benutzen sofort wieder abzubauen versuchen, um unser gewünschtes Kommando einzuführen.

Verwendete Kommandos: »Hopp«, »Durch«

Laufen um den Hundeführer

Bei dieser Übung läuft der Hund rechts oder links um den Hundeführer herum. Wir beginnen in der Fuß-Position, halten in beiden Händen ein Leckerchen, locken den Hund mit der rechten Hand vor unseren Körper bis zur rechten Seite und bestätigen dort. Der Kopf des Hundes zeigt nun auf der rechten Seite nach hinten. Hat er diesen Übungsabschnitt verstanden, folgt der nächste Schritt. Wir strecken die linke Hand hinter unseren Körper zum Kopf des Hundes und locken ihn nun zur Fuß-Position zurück. Wieder wird der Hund sofort bestätigt. Während er die Übung ausführt, sagen wir das Kommando »Round«. Nach und nach werden die Hilfsmittel abgebaut, zuerst die Leckerchen, anschließend die Handbewegung. Am Ende verbleibt nur noch das Hörzeichen »Round«. Wie bei den meisten Übungen können wir auch diese mit dem gleichen Aufbau von rechts nach links trainieren.

Verwendetes Kommando: »Round«

... und wieder zurück.

Conny geht um Michael herum, während er sich in die entgegengesetzte Richtung dreht und das Kommando »Round« gibt.

Gehen vor dem Hundeführer

Der Hund geht gerade vor dem Hundeführer. Dieser folgt dem Hinterteil des Hundes. Ein gutes Hilfsmittel für den Aufbau ist der Clicker und ein Stock (z. B. Zeigestock). Man nennt dieses Hilfsmittel auch Targetstick. Im Kapitel Ausrüstung haben wir das Arbeiten mit dem Target bereits angesprochen (siehe Seite 37).

▸ Vorangehen

Nach der Targetkonditionierung können wir die neue Übung aufbauen. Dazu stellen wir uns hinter den Hund, halten das Target über ihn, sodass die Spitze fast seine Nase berührt. Tickt er sie auf Kommando an, wird er belohnt. Wenn diese Übung gut funktioniert, halten wir das Target etwas vor seinen Kopf, sodass er sich nach vorne bewegen muss, um es zu berühren. Hat er auch diesen Schritt verstanden, gehen wir gleichzeitig mit ihm einen Schritt nach vorne, sodass unser Hund nun zwei Schritte zurücklegen muss, um das Target zu berühren. Nach und nach erhöhen wir unsere Schrittzahl. Bewältigt er diese Übung zuverlässig, setzen wir das entsprechende Kommando »Vor« ein und belohnen ihn, sobald er nach oben zur Targetspitze schaut und dieser nachläuft. Wir können nun das Target abbauen oder wir verwenden bei der Darbietung unseres Tanzes zum Beispiel einen Stock, den wir währenddessen elegant als Hilfsmittel einsetzen können.

Es gibt noch eine weitere Möglichkeit, diese Übung zu erlernen. Dazu nehmen wir den Hund in die Walk-Position. Wir halten ein Leckerchen in der einen Hand, strecken diese waagrecht nach vorne und geben unserem Hund gleichzeitig das Kommando »Vor«. Bei der kleinsten Vorwärtsbewegung werfen wir das Leckerchen gerade nach vorne vor unseren Hund. Mit der Zeit werden wir ihn auf diese Weise davon überzeugen, dass es sich lohnt, nach vorne zu gehen. Allmählich erhöhen wir die Anzahl der Schritte und den Abstand vom Hund zu uns. Beim Tanz sieht es schön aus, wenn wir ihm in einigen Sequenzen mit einigem Abstand folgen. Nach und nach bauen wir die Hilfsmittel Leckerchen ab.

Verwendete Kommandos: »Tick«, »Vor«

Tanz auf Distanz

Viele Übungen, die unser Hund gelernt hat, können wir auch auf Distanz durchführen lassen, wie zum Beispiel das »Rückwärtsgehen weg vom Hundeführer«. Wichtige Kommandos hierfür sind »Rück« oder »Back«, die er ja bereits gelernt hat.

▸ Rückwärts vom Hundeführer weg

Es erfolgt das Kommando »Back«. Zuerst belohnen wir den Hund, wenn er nur zwei Schritte von uns weg geht, indem wir ihm ein Leckerchen zuwerfen. Somit haben wir ihn in eine Erwartungshaltung gebracht. Mit der Zeit erhöhen wir die Anzahl der Schritte, die er zurückgehen soll. Hierbei ist wichtig, dass er die Belohnung zum richtigen Zeitpunkt erhält. Das heißt, dass die Bestätigung noch in der Rückwärtsbewegung erfolgt.

Verwendetes Kommando: »Rück/ Back«

▸ Hund und Hundeführer entfernen sich rückwärts voneinander

Es folgt wieder das Kommando »Back«, gleichzeitig gehen auch wir zwei Schritte zurück. Sobald wir vier Schritte vom Hund entfernt sind, folgt die Belohnung. Dafür verwenden wir am besten einen Ball. Diesen werfen wir über die Distanz zum Hund. Ist er auf Clicker konditioniert, dann empfiehlt es sich, die Distanzarbeit mit dem Clicker zu gestalten.

Verwendetes Kommando: »Rück/ Back«

▸ Rückwärts hinter dem Hundeführer

Wir verwenden in erster Linie das Kommando »Back«. Zuerst stellen wir uns vor den Hund, der nun auf unser Hinterteil sieht. Wir geben das Kommando »Back«, gehen einen Schritt nach hinten, gleichzeitig halten wir in unserer Hand, die wir auf unserem Gesäß positionieren, ein Leckerchen. Bewegt er sich rückwärts, loben wir ihn und er erhält sofort seine Bestätigung. Wieder bauen wir langsam und in kleinen Schritten unsere Übung auf, das heißt, dass wir nach und nach unsere Schrittzahl nach hinten erhöhen.

▸ Kriech voraus

Im Kapitel »Kriechen« haben wir bereits das Kriechen auf Distanz erklärt. Natürlich können wir den Hund nicht nur auf uns zu kriechen lassen, sondern er kann auch von uns weg kriechen. Diese Übung können wir sehr gut mit einem Hilfsmittel, beispielweise einer Schüssel, aufbauen. Dazu legen wir den Hund ins Platz, zeigen ihm das Leckerchen, das wir in eine Schüssel legen. Anschließend verschließen wir die Schüssel und stellen diese einen

Schritt vor ihm auf den Boden. Nun geben wir das Kommando »Kriechen vor«. Das Kommando »Kriechen« kennt er ja bereits, hinzu kommt nun noch das Wort »Vor«. Kriecht er zur Schüssel, loben wir ihn zuerst verbal. Anschließend öffnen wir die Schüssel und er erhält das darin verborgene Leckerchen. In kleinen Übungsschritten stellen wir die Schüssel in immer größer werdender Entfernung ab, bauen das Hilfsmittel Schüssel wieder ab, indem wir zuerst die Schüssel offen lassen und anschließend nur noch den Deckel mit einem Leckerchen hinlegen. Im dritten Schritt legen wir den Deckel ohne Leckerchen hin. Kriecht unser Hund ohne Probleme zum Deckel, loben wir ihn und geben ihm anschließend seine Belohnung aus der Hand. Als Nächstes legen wir ihm ein kleines Leckerchen auf den Boden, zu dem er hinkriechen soll. Hat er auch das verstanden, geben wir nur noch das Kommando »Kriechen vor«.

Verwendetes Kommando: »Kriechen vor«

So wie wir diese Übungen Schritt für Schritt aufgebaut haben, können wir noch weitere Übungen auf Distanz mit dem Hund trainieren, zum Beispiel das Verbeugen. Den aufbau der Übung haben wir bereits im Abschnitt »Verbeugen« beschrieben und es bedarf in diesem Kapitel keiner weiteren Erklärung.

Weitere Übungselemente, die wir auch auf Distanz trainieren können:

- rückwärts gehen,
- Verbeugen,
- Kriechen,
- Rollen,
- Pfötchen,
- Drehen,
- Männchen,
- Schämen,
- Springen über Gegenstände,
- Apportieren zum Hundeführer oder vom Hundeführer weg.

Buster verbeugt sich auf ein Handzeichen.

Problemlösungen

- Der Hund löst sich nicht vom Hundeführer: Werfen Sie den Ball, damit der Hund vorausgeht. Dabei geben Sie das Kommando »Voran«. Seine Bestätigung ist der Ball. Nach und nach werfen Sie den Ball erst, wenn der Hund bereits auf unser Kommando »Voran« losgerannt ist.

Kombination verschiedener Übungen

Hier einige Anregungen zur Kombination verschiedener Übungen.

- **Kriechen, Rollen:**

Der Hund kriecht an unserer Fuß-Seite, wir lassen ihn einmal von links nach rechts zwischen unsere Beine rollen, nun folgt ein kurzes Kriechen zwischen den Beinen, danach rollt der Hund noch mal von links nach rechts aus unseren Beinen heraus an unsere rechte Seite.

- **Drehen, zurück, Polonaise:**

Der Hund steht vor uns und entfernt sich auf das Kommando »Rück/Back«. Nach etwa fünf Schritten folgt das Kommando »Drehen«, danach das Kommando »Rück«. Wir gehen gleichzeitig mit dem Hund zurück, nach wenigen Schritten holt er uns ein, geht noch rückwärts durch unsere Beine und steigt hinter uns angekommen mit seinen Vorderbeinen an uns hoch. Sobald er richtig hinter uns steht, bewegen wir uns langsam mit dem an uns angelehnten Hund nach vorne.

- **Seitwärts vor dem Hundeführer, Rollen, wieder seitwärts**

Der Hund steht vor uns und sieht uns an, wir geben das Kommando »Seit«, der Hund bewegt sich vor uns nach rechts, es folgt das Kommando »Rolle«, der Hund rollt sich vor uns ebenfalls nach rechts. Sofort erfolgt das Kommando »Seit« und der Hund bewegt sich nun wieder vor uns nach rechts. Diese Kombination kann natürlich auch nach links ausgeführt werden.

- **Drehen, Seitenwechsel mit Beinslalom, Drehen.**

Der Hund befindet sich an unserer linken Körperseite, es folgt das Kommando »Drehen« (links). Er dreht sich nach links um die eigene Achse und kommt zurück in die Ausgangsposition. Es folgt das Kommando »Slalom«, gleichzeitig heben wir unser rechtes Bein, der Hund geht durch zur rechten Seite. Sobald er durch unser Bein gegangen ist, folgt das Kommando »Drehen« (rechts), der Hund dreht sich noch aus der Bewegung um seine eigene Achse und steht anschließend an unserem rechten Bein. In dieser Kombiübung geht der Hund eine Acht.

- **Springen über die Arme, Round, Verbeugen**

Wir gehen in die Hocke, strecken unsere Arme zur Seite, es folgt das Kommando »Hopp«, unser Hund springt über die Arme und bewegt sich dabei kreisend um uns herum. Nach ein paar Sprüngen stehen wir auf, lassen unsere Arme ausgebreitet und drehen uns um uns selbst. Gleichzeitig dreht sich der Hund um uns herum. Nach einigen Drehungen folgt das Kommando »Verbeugen«, wir bleiben dabei stehen und verbeugen uns gleichzeitig mit dem Hund. Diese Kombination eignet sich sehr gut dazu, einen Tanz zu beenden.

Nicole und James beginnen ihren Tanz mit »Round«. Daraus folgt der Paradeschritt ...

... Vom Fuß laufen geht es rückwärts durch die Beine ...

...und als Höhepunkt zum Schluss springt James über die Arme mit anschließender Verbeugung.

Choreografien

Choreografien

Nach dem wir nun einige Monate intensiv trainiert haben, beherrscht unser vierbeiniger Tanzpartner eine Vielzahl an verschiedenen Tricks. Jetzt ist es an der Zeit, auszuwählen, in welche Richtung wir uns orientieren möchten. Lieben wir den Tanz als solchen, können wir die gelernten Elemente zu Tanzfiguren formen. Dabei sollte die korrekte Ausführung der Übungen, genauso wie die Fußarbeit im Takt zur Musik mit passend eingebauten Körperhilfen für den Hund, zu den entsprechenden Musikstellen im Vordergrund stehen. Bevorzugen wir jedoch Musik aus Film, Fernsehen oder Musicals, dann können wir mithilfe des Tanzes eine kleine abgeschlossene Geschichte erzählen. Eine entsprechende Bekleidung kann die Interpretation der Geschichte verbessern und unterstreichen. Nach der Auswahl der Musik beginnt das Zusammenstellen der Choreografie.

Tanz mit Requisiten

Bei einigen Musikstücken benötigen wir Requisiten. Diese lassen sich leicht in die Musik einbauen. Sie dürfen aber keine Motivation oder Bedrohung für den Hund sein.

Zum Beispiel ein Stock oder Schirm. Wir zeigen dem Hund, dass er über den Schirm springen, um ihn herumgehen oder ihn tragen kann und vieles mehr. Zusätzlich dient der Stock als Target, das heißt, dass wir dem Hund damit die entsprechende Richtung weisen können.

Eingebaute Gegenstände lockern den Tanz auf und dienen gleichzeitig als Hilfsmittel. Hier springt Fly über einen Regenschim.

Auch ein Gymnastikband lässt sich gut zur Musik einsetzen. Beispielsweise können wir das Band um uns und den Hund schwingen. Alternativ steht der Hund vor uns. Wir schwingen das Gymnastikband im Zickzack vor unserem Körper, etwa in Kopfhöhe des Hundes. Gleichzeitig geben wir das Kommando »Back/ Rück«. Der Hund geht rückwärts und wir folgen mit dem schwingenden Band.

Mit dem Stepper betreibt man im Fitnessstudio Stepp-Aerobic. Wir können auch unseren Hund in diese Übungen mit entsprechender Musik einbauen. Er kann gleichzeitig mit uns mit seinen Vorderläufen auf den Stepper steigen.

Auch die Frisbeescheibe können wir in einen Tanz einarbeiten. Wir können die Scheibe werfen und der Hund bringt sie zurück oder wir halten diese in der Hand, während der Hund einige Übungen zeigt, wie durch die Beine oder über den Rücken, und erhält erst danach das Frisbee. Dazu allerdings noch eine kleine Anmerkung: Es gibt bereits eine eigenständige Sportart mit der Frisbeescheibe, sie nennt sich »Discdogging«.

Das Gymnastikband bringt zusätzliche Dynamik in den Tanz.

Wir können natürlich noch andere Gegenstände in einen Tanz mit einbauen. Zum Beispiel einen Stuhl, eine Regentonne (die der Hund beispielsweise rollt oder über die er springt) oder einen Hut, den wir nicht nur auf unserem Kopf tragen, sondern der vom Hund apportiert wird.

Das waren nur einige der uns zur Verfügung stehenden Requisiten.

Ihrer Fantasie sind in dieser Hinsicht keine Grenzen gesetzt, solange

Auch Stepper und Frisbeescheibe lassen sich gut einbinden. Links sind BJ und Nicole beim Stepp-Aerobic und rechts beim Discdogging zu sehen.

die Gegenstände für den Hund ungefährlich sind.

Die verschiedenen Möglichkeiten:

- mit einem Stock oder Schirm (Target),
- mit dem Gymnastikband,
- mit dem Stepper,
- mit einer Frisbeescheibe.

Kleidung

Die Kleidung sollte passend zur Musik und passend zur Farbe des Hundes, jedoch nicht zu übertrieben sein. Auch sollten die Schuhe in Form und Stil zur Kleidung passen. Entsprechende Accessoires wie Gürtel, Halstuch, Haarspangen und Bänder verleihen unserem Aussehen den letzten Schliff und vervollständigen das Erscheinungsbild.

Entsprechend zur Musik ausgewählte Kleidung hebt die Stimmung der Zuschauer.

Auswahl der Musik

Musik ist Geschmackssache. Jeder sollte die Musik nehmen, die ihm am besten gefällt, da man das ausgesuchte Lied mindestens hundertmal hört, bis die Choreografie steht.

Für den ersten Tanz empfehle ich ein Lied mit einem gleich bleibenden Rhythmus und einem Refrain in immer gleichen Abständen. Das Tempo des Liedes sollte zum Temperament des Hundes passen. Für einen langsamen Hund eignet sich beispielsweise ein Walzer, der mittelschnelle Hund tanzt zur Popmusik und der superschnelle Hund auf Techno. Hat man ein wenig Routine, eignen sich später auch Lieder mit vielen Tempowechseln.

Tipp

Wenn wir die Musik auswählen, laufen wir mit dem Hund nur Fuß und probieren, ob das Tempo zu uns passt. Hilfreich ist, wenn ein Bekannter zuschaut, denn aus der Entfernung lässt sich die Harmonie von Hund und Hundeführer besser beurteilen.

Ringausnutzung

Die Ringausnutzung ist für die Choreografie entscheidend. Es sollte die gesamte Ringfläche ausgenutzt werden, sodass jeder Zuschauer das tanzende Team sehen kann. Je nach Liedart verwenden wir eine andere Ringausnutzung.

Die leichteste Ringausnutzung ist, wenn man sich für den Anfang bildlich an eine Acht oder an andere geometrische Figuren hält.

Des Weiteren müssen wir uns über die Laufweise Gedanken machen. Wenn wir einen Marsch gewählt haben, empfiehlt sich eine Acht mit vielen Winkeln. Wurde ein rundes, geschwungenes Lied ausge-

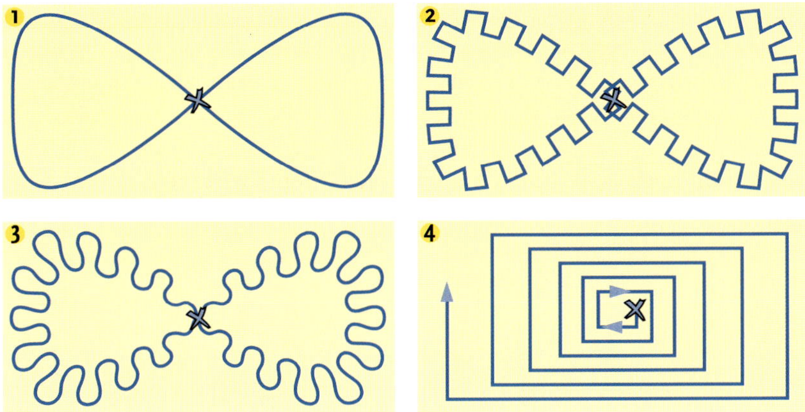

**Auf den vier Zeichnungen sind verschiedene Möglichkeiten der Ringausnutzung abgebildet:
1) Der Achterlauf
2) Der Achterlauf für Marschmusik mit vielen Winkeln
3) Der Achterlauf für eine geschwungene Melodie in Bogenform
4) Die Ringausnutzung in Form von Vierecken.**

wählt, würden wir die Acht in vielen Bögen laufen.

Oben vier Zeichnungen zur Verdeutlichung.

Zusammenführung einzelner Tanzelemente

Wie stellen wir unseren Tanz zusammen? Zuerst schreiben wir in eine Tabelle, welche Elemente unser Hund bereits beherrscht, damit wir später die Übungen gleichmäßig verteilen können.

Zum Beispiel:
- 1. Verbeugen
- 2. Fuß
- 3. Slalom durch die Beine
- 4. Kriechen
- 5. Drehen
- 6. Springen über die Arme

Anschließend fertigen wir eine Zeichnung des Ringes an, damit wir die Raumaufteilung optimal gestalten können. Das bedeutet, dass wir die zur Verfügung stehende Fläche für unsere Vorführung möglichst gut ausnutzen. Man sollte auch bedenken, an welchen Seiten das Publikum oder die Richter platziert sind. Wie schon erwähnt, ist die Acht meist am günstigsten.

Im nächsten Schritt benötigen wir die ausgewählte Musik, die wir uns Stück für Stück anhören. Am Anfang des Musikstückes stellen wir uns die Frage, wie wir den Tanz beginnen möchten. Geht das Lied abrupt los oder erst nach einer Einleitung? Beliebt sind Anfänge aus der Hocke, wobei der Hund vor, neben oder mit den Vorderbeinen auf den

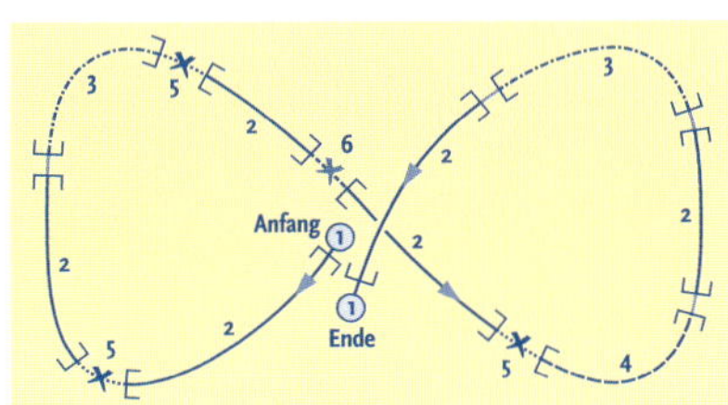

Auf dieser Zeichnung sehen Sie eine komplette Choreografie. Die Nummern entsprechen den Übungen, die der Hund bereits beherrscht.

Beinen des Hundeführers sitzt. Eine weitere Möglichkeit ist, dass sich Hundeführer und Hund neben- oder voreinander verbeugen, oder der Hund beginnt mit einem Sitzmännchen. Wir fangen gern mit einer Verbeugung oder in der Hocke an. Weitere Möglichkeiten sind bei Fuß laufen oder Pfötchen geben.

Wir beginnen mit der Verbeugung und richten uns langsam gleichzeitig mit dem Hund auf. Anschließend laufen wir zum Takt der Musik Fuß. An markanten musikalischen Stellen zeichnen wir ein X auf unsere gemalte Acht und schreiben uns die Übung auf, die wir an dieser Stelle tanzen wollen. Hilfreich ist, die Sekunden der Sequenz zu notieren. So arbeiten wir uns Stück für Stück durch das Lied. Spektakuläre Übungen (z. B. »Springen über die Arme«) sollte man in der Mitte ausführen, um einen positiven Gesamteindruck zu erhalten. Am Ende des Liedes zeigen wir nochmals ein spektakuläres Element, um dem Publikum einen unvergesslichen Höhepunkt zu bieten (z. B. »Verbeugen«, »Männchen«, »Springen in den Arm«).

Nun haben wir die Choreografie unseres Tanzes theoretisch auf das Papier gebracht. Im zweiten Schritt nehmen wir unseren Kassettenrecorder und begeben uns an einen Ort, an dem wir unsere Choreografie ablaufen können. Das alles geschieht noch ohne Hund, mit der Skizze in der Hand. Bei dieser »Trockenübung« sehen wir, ob die geplanten Übungen in den Tanz passen. Dabei stellen wir uns vor, dass der Hund an unserer Seite ist, und überlegen, wie die angepassten Körperhilfen geschickt an den markanten Musikstellen eingebaut werden können. Sicher werden wir in dieser Übungsphase noch das eine oder andere an unserem Tanz verändern. Erst wenn wir mit unserer Choreografie zufrieden sind und die Musik uns in Fleisch und Blut übergegangen ist, beginnt im dritten Schritt der eigentliche Tanz mit dem Hund.

Die erste Probe der Choreografie mit Hund erfolgt ohne Musik. Schritt für Schritt setzen wir unsere Übungen aneinander, gleichzeitig verlängern wir die Abstände, in denen wir belohnen. Erst wenn wir die komplette Choreografie erfolgreich ohne Musik abgeschlossen haben, wird sie eingeschaltet. Nach fleißigem Üben kann der Hund ein ganzes Lied laufen, ohne zwischendurch belohnt zu werden.

Wichtig ist, dass wir unser Training abwechslungsreich gestalten. Wiederholen wir täglich dasselbe Programm, wird es den Hund langweilen und seine Aufmerksamkeit lässt nach. Daher ist es besser, den Tanz nur jeden zweiten oder dritten Tag zu üben. In der Zwischenzeit üben wir Sequenzen, die noch gefestigt werden müssen.

Tanzen mit zwei Hunden

Tanzt man mit zwei Hunden, sollten sie in etwa den gleichen Leistungsstand haben und vom Temperament her ähnlich sein. Sind diese Voraussetzungen gegeben, nehmen wir den einen Hund an unsere Fuß-Seite (links) und den anderen an die Hand-Seite (rechts). Zu Beginn üben wir mit jedem Hund einzeln auf der entsprechenden Seite und stellen uns den zweiten Hund nur vor. Erst wenn beide Hunde die Übungen beherrschen, beziehen wir sie gleichzeitig mit ein, um den synchronen Ablauf zu üben. Je nach Choreografie können beide Hunde auch auf der gleichen Seite tanzen. Aber auch das sollten wir mit den Hunden nacheinander einüben. Die Hunde können viele Übungen gleichzeitig machen, wie zum Beispiel »Drehen«, »Rollen«, »Kriechen«, »am Hundeführer oder vor dem Hundeführer rückwärts oder seitwärts gehen«, »über die Arme springen«

Fly und James im Doppel beim »durch die Beine gehen« im Stand.

Hier »kriechen« die beiden Hunde rechts und links neben Nicole her.

Doppeltes Doppel: Synchron-Slalom der beiden Hunde mit ihren Hundeführern

oder »um den Hundeführer herumlaufen«. Wir können ihnen jedoch auch unterschiedliche oder miteinander kombinierte Übungen beibringen. Der eine Hund springt beispielsweise über den Rücken des anderen, während der andere und im Gegenzug unter dessen Bauch durchkriecht. Oder der eine Hund springt durch die Arme, während der andere gleichzeitig durch unser angewinkeltes Bein hüpft. Eine andere Kombinationsmöglichkeit wäre, dass der eine Hund vor dem Hundeführer rückwärts geht und der andere dem Hundeführer hinterherkriecht. Ein schöner Abschluss beim Tanz mit zwei Hunden ist, wenn der eine Hund dem Hundeführer auf den Rücken springt und der andere Hund zwischen den Beinen steht und sich verbeugt. Lassen Sie sich etwas einfallen! Der eigenen Fantasie sind keine Grenzen gesetzt, solange unsere Hunde keinen gesundheitlichen Schaden dabei nehmen.

Tanzen mit zwei Hunden und zwei Hundeführern

Möchten zwei Hundeführer gleichzeitig mit ihren Hunden einen Tanz einüben, ist es vorteilhaft, wenn beide Hunde den gleichen Leistungsstand und die gleiche Schrittlänge haben. Allerdings kann der Hundeführer einiges ausgleichen, da die beiden Hunde nicht ständig nebeneinander laufen. Die Hunde orientieren sich an ihren Hundeführern, die wiederum darauf achten sollten, mit ihrem menschlichen Tanzpartner im Takt zu bleiben.

Bei einer Vorführung sollten wir auf die entsprechende Kleidung achten. Beide sollten das Gleiche oder etwas aufeinander Abgestimmtes tragen.

In einer Choreografie können neben all den anderen Variationsmöglichkeiten die Hunde während des Tanzes auch die Hundeführer wechseln. Auch hier sind der Fantasie kei-

Bei dieser Sequenz wird ein kleiner Tanzausschnitt von Nicoles und Heikes Kür gezeigt. Erst springen Chill und Buster über die Beine ...

... dann gehen sie auf der Handseite, während sich die beiden zweibeinigen Tänzerinnen im Kreis drehen ...

... um abschließend neben ihnen herzukriechen.

ne Grenzen gesetzt. Doch zuerst müssen die Hunde die gleichen Übungselemente beherrschen.

Anschließend suchen wir uns ein passendes Lied. Märsche oder Musikstücke, die vom Takt zu beiden Hundeführern passen, eignen sich am besten. Hat man ein passendes Stück gefunden, überlegt man sich eine geeignete Choreografie. Am besten gehen beide Hundeführer den Tanz ohne Hunde durch und überlegen dabei, wie sie die Hunde einbeziehen können. Erst wenn feststeht, an welcher Seite die Hunde laufen, wann die Seitenwechsel erfolgen, wo die einzelnen Übungselemente statt-

Damit auch kleine Hunde wie Enzo über die Arme springen können, geht Ruth für ihn in die Knie.

finden, und wenn die beiden Hundeführer einen synchronen Bewegungsablauf eingeübt haben, kommen die Hunde zum Einsatz. Nun zeigt es sich, ob wir den Laufrhythmus unserer Hunde richtig eingeschätzt haben. Sicher werden wir die bis dahin eingeübte Choreografie noch etwas mehr auf die Hunde abstimmen müssen. Oftmals sind es nur Kleinigkeiten.

Nachdem wir den Tanz fertig gestellt haben, sollten wir eine Hilfsperson bitten, sich das Ganze aus der Zuschauerperspektive anzusehen und Kritik zu äußern. Nach einer anschließenden Feinabstimmung steht einer Vorführung nichts mehr im Wege.

Vorbereitung für den ersten Auftritt

▶ Ablenkungen

Vor unserer ersten Vorführung sollten wir uns gut vorbereiten. Worauf müssen wir achten? Wir sollten bedenken, dass der Hund sich trotz großer Ablenkungen auf uns und den Tanz konzentrieren muss. Wir müssen uns im Klaren sein, dass uns je nach Publikum alles Mögliche begegnen kann; Kindergeschrei, stark erkältete Menschen, die laut husten, bellende Hunde, die gern mitlaufen möchten, und Leute, die vor Begeisterung laut lachen, oder andere, die nicht aufpassen und sich angeregt mit ihrem Nachbarn unterhalten.

Verschiedene Plätze und Untergründe

Der Hund sollte auf unterschiedlichen Plätzen und Untergründen tanzen können. Wenn man immer auf einer Wiese geübt hat, wird es dem Hund schwer fallen, auf einem Parkplatz oder einer Bühne oberhalb des Publikums zu tanzen. Auch an verschiedene Böden sollte der Vierbeiner gewöhnt sein, damit man bei der Aufführung keine Probleme bekommt, da der Hund aufgrund des Untergrundes abgelenkt ist.

Haben wir ihn nun an verschiedene Untergründe, die Menschenmassen und Geräusche gewöhnt, gehen wir noch einmal alles in Gedanken durch.

Tipp

Die ausgesuchte Musik kann in schwierigen Situationen hilfreich sein, da der Hund gelernt hat, dass beim Einsetzen der vertrauten Klänge etwas Schönes folgt – nämlich dass er mit seinem Herrchen oder Frauchen tanzen darf.

Die Wahl der Kleidung

Steht die Choreografie, suchen wir uns die passende Kleidung aus. Man sollte darauf achten, das sie farblich zum Hund passt. Eine schwarze Hose lässt einen schwarzen Hund nicht sehr gut zur Geltung kommen.

Der erste Auftritt

Wenn alles fertig einstudiert und die passende Kleidung gefunden ist, können wir uns dem ersten Publikum stellen. Für den Anfang eignen sich Auftritte in Kindergärten oder Altersheimen. Alte Menschen und Kinder mögen Tiere, und wenn diese noch etwas Besonderes können, sind sie begeistert. Selbst wenn es beim ersten Mal nicht so gut klappt, wird es sicher niemand merken, denn keiner der Zuschauer kennt die Choreografie. Mit steigender Zahl der Auftritte gewinnen wir an Sicherheit und können besser mit unvorhergesehenen Dingen umgehen. Das Lampenfieber nimmt mit der Zeit ab, es wird jedoch nie ganz vergehen. Das ist der Reiz an dieser Sportart: zuerst das Lampenfieber beim Auftritt und dann der Applaus – für Hund und Hundeführer eine tolle Belohnung.

In Deutschland gibt es immer mehr Dog Dancing-Begeisterte, die auch den Wunsch haben, ihr Können bei einem Turnier zu beweisen, wie das in anderen Ländern wie beispielsweise in der Schweiz bereits Gang und Gebe ist. Einige Hundeschulen und Vereine veranstalteten daher bereits die ersten Dog Dancing-Turniere für Fans. Vielleicht finden ja auch bei uns in absehbarer Zeit, sobald diese Sportart offiziell anerkannt ist, offizielle Dog Dancing Turniere statt.

Eine letzte Bemerkung zum Schluss

Erziehung eines Hundes heißt: »Verhalten steuern, Verhalten festigen und unerwünschtes Verhalten verändern«.

Schon Iwan Pawlow, der 1904 den Nobelpreis für seine Arbeit über die Verdauungsdrüsen verliehen bekam, entdeckte bei seinen Forschungen, dass sämtliches Verhalten auf Reflexen beruht, und entdeckte das Prinzip der Konditionierung. Sein bekanntester Versuch war der mit der Glocke. Immer wenn dem Hund das Fressen gebracht wurde, ließ Pawlow eine Glocke läuten. Nach einiger Zeit stellte er fest, dass der Speichelfluss (Reflex) begann, sobald die Glocke (Reiz) ertönte.

Neue wissenschaftliche Erkenntnisse besagen, dass der Hund in vielen Lerntests besser als der Schimpanse oder Gorilla abschneidet. Vor allem besitzt er ein exzellentes Kommunikationstalent. Die lange Zeit gängige These, dass die Domestizierung der Tiere einen Rückschritt in ihrer Auffassungsgabe bewirkt habe, gerät ins Wanken. Es häufen sich Indizien, die dem Hund eine besondere Art der Kognition im Tierreich bescheinigen. Auch das Wolfsrudel besitzt viele soziale Strukturen wie Rangordnung, Aufgabenteilung und Fürsorge. Durch jahrhundertelange Züchtung wurden diese Tiere immer angepasster und lernfähiger. Hundebesitzer wussten schon lange bevor die Wissenschaft anfing, die Intelligenz der Hunde zu erforschen, wie lernfähig ihr Tier ist.

Wir haben Ihnen nun einiges über das Lernverhalten und die Konditionierung der Hunde erzählt, einiges über die Entstehung von Dog Dancing und viel darüber, wie man dem Hund Dog Dancing beibringen kann. Ganz gleich, aus welchen Gründen Sie auch immer zu Dog Dancing gelangt sind, ob Sie nun irgendwann einen Auftritt mit Ihrem Hund haben oder nicht, Sie werden beim Training feststellen, dass diese Art der Beschäftigung Ihnen und besonders Ihrem vierbeinigen Freund viel Freude bereitet. Ihr Hund wird ausgeglichener sein. Die Verständigung zwischen Mensch und Hund wird besser, denn Sie haben eine Menge über Ihren Hund gelernt und er wird es Ihnen mit freudigem Gehorsam danken.

Wir arbeiten mit unseren Hunden nach dem Leitsatz von Monty Roberts, dem Pferdeflüsterer, und haben diesen abgewandelt, vom Pferd auf den Hund:

»Ein hervorragender Trainer ist nicht der, der seinen Hund dazu erzieht, eine gute Leistung zu erbringen, sondern jener, der seinen Hund dazu bewegt, dies zu wollen.«

Wir wünschen Ihnen und Ihrem Hund viel Freude und Erfolg beim Üben und Tanzen.

Ein Gruppenfoto der Familie Weber: Chill, BJ, Gin, Mandy, Heike, Buster, Yashico, Fly, Nicole, James und Daphne (von links nach rechts)

Das Turnier-Reglement

Das Turnier-Reglement

Da es in Deutschland noch kein Turnier-Reglement gibt, wird hier das Reglement der Schweiz aufgeführt. Es unterteilt sich in allgemeine Bestimmungen, Turnierregeln zu Freestyle Dog Dancing und Turnierregeln zu Heelwork to music sowie die Richterbewertung.

Allgemeine Bestimmungen

Ringgröße:
Ringgröße: 15 x 15 m
Ringgröße USA: 13 x 26 m

Ausrüstung:
Der Musik entsprechende Kleidung ist erwünscht. Beim Hund ist nur ein passendes Halsband erlaubt. Trägt der Hund kein Halsband, muss er ohne vorgeführt werden.

Verhalten der Turnierteilnehmer:
Der Hundeführer betritt den Ring mit angeleintem Hund. Er hat sich an die Anordnungen des Turnierleiters zu halten. Böswillige Verstöße können mit einem Verbot der Weiterarbeit geahndet werden. Die Entscheidung liegt bei den Richtern, sie ist unanfechtbar. Über solche Entscheidungen haben die Richter dem »Komitee der Musical Freestyle-Dog Dancing (MF)-Organisation« einen ausführlichen Bericht zuzustellen.

Hör- und Sichtzeichen:
Hörzeichen sind erlaubt. Sichtzeichen müssen in den Tanz integriert werden.

Zulassung:
Alle Mischlinge und Rassehunde sind zugelassen. Läufige Hündinnen dürfen erst am Schluss starten. Es sind nur gesunde Hunde mit gültigem Impfausweis startberechtigt, es besteht eine Impfausweiskontrolle.Man darf mit mehreren Hunden in der gleichen Klasse starten, jedoch nur einmal mit demselben. Sind weniger als sechs Teilnehmer gemeldet, kann der Organisator selbst entscheiden, ob das Turnier durchgeführt wird.Der Organisator darf nicht am Turnier teilnehmen. Wer ein »vorzüglich« (80 %) erhält, kann in die nächsthöhere Klasse wechseln. Ein Zurückgehen in die Klasse nächst tiefere Klasse ist erlaubt.
»Vorzüglich« = 80 %
»Sehr gut« = 70 %
»Gut« = 50 %

Mindestalter:
Puppyklasse: 6–12 Monate

Jugendklasse: Hunde ab 12 Monaten und Hundeführer bis 16 Jahre
Klasse A: Hunde ab 12 Monaten
Klasse B: Hunde ab 15 Monaten
Klasse C: Hunde ab 18 Monaten

Eintreffen auf dem Platz:
Eine Stunde vor Beginn des Turniers. 15 Minuten vor dem Auftritt im Büro melden. Beschriftete CD oder MC mitbringen. Von Vorteil ist es, eine zweite Kopie mitzubringen.

Freestyle Dog Dancing (MF)

Ringausnutzung:
Große Hunde sollten 75 % und kleine Hunde 50 % des Ringes ausfüllen.
Es dürfen Stäbe, Hüte, Tücher oder Bänder in den Tanz integriert werden. Diese dürfen vom Hund getragen oder apportiert werden.
Der Musik entsprechende Kleidung wird bewertet.
Futterhilfen im Ring sind verboten.
Tanzelemente dürfen die Gesundheit von Hund und Hundeführer nicht gefährden.
Distanzarbeit, Slalom, Sprünge etc. sind erlaubt.
Der Hundeführer muss sich im Takt zur Musik bewegen.
Die einzelnen Elemente können von jeder Position aus gezeigt werden.
15 Sekunden über oder unter der angegebenen Zeit sind erlaubt.
Übermäßiges Bellen (2/3 der Darbietung) wird mit Punktabzug bestraft.

Disqualifikation:
Verlassen des Rings
Versäubern im Ring
Futterhilfe
Zu lange oder zu kurze Musik (15 sec. über oder unter der Zeit sind erlaubt)
Jegliches Bestrafen des Hundes

▸ **Klassen: »Musical Freestyle Dog Dancing (MF)«**

Klasse	Alter des Hundes	Musiklänge	Mit/ohne Leine
Puppy	6–12 Monate	1–2 Minuten	Mit/ohne Leine
Jugend bis 16 J.	Ab 12 Monaten	1–2 Minuten	Mit/ohne Leine
Seniorenklasse	Ab 12 Monaten	1,5–2,5 Minuten	Mit/ohne Leine
A	Ab 12 Monaten	1,5–2,5 Minuten	Mit Leine
B	Ab 15 Monaten	2–3 Minuten	Ohne Leine
C	Ab 18 Monaten	2,5–3,5 Minuten	Ohne Leine
Paartanz	Ab 12 Monaten	2–3 Minuten	Mit/ohne Leine
Teams	Ab 12 Monaten	3–4,5 Minuten	Ohne Leine
Tandem	Ab 12 Monaten	1,5–2,5 Minuten	Mit/ohne Leine

Puppyklasse:	1 Hundführer/ 1 Hund
Jugendklasse:	1 Hundeführer/ 1 Hund
Seniorenklasse:	1 Hundeführer/ 1 Hund
Klasse A, B, C:	1 Hundeführer/ 1 Hund
Paartanz:	2 Hundeführer/ 2 Hunde
Teams:	mehrere Hundeführer/Hunde
Tandemklasse:	1 Hundeführer/ 2 Hunde

Pflichtelemente:
Klasse A: »Drehen«, »Slalom durch die Beine«
Klasse B: »Drehen«, »Slalom«, »Sprung«, »Back«
Klasse C: »Drehen«, »Slalom«, »Sprung«, »Back«, »seitliches Fußlaufen rechts und links«, » Distanzarbeit«
Bei den restlichen Klassen sind der Fantasie keine Grenzen gesetzt!

TANDEMKLASSE:
1 Hundeführer/2 Hunde
Musiklänge: 1,5–2,5 Minuten
mit oder ohne Leine

PAARTANZ:
2 Hundeführer/2 Hunde
Musiklänge:2–3 Minuten
mit oder ohne Leine

TEAMS:
mehrere Hundeführer/Hunde
Musiklänge: 3–4,5 Minuten, ohne Leine

Heelwork to music (HTM)

Ringausnutzung:
Große Hunde sollten 75 % und kleine Hunde 50 % des Ringes ausfüllen.
Es dürfen Stäbe, Hüte, Tücher oder Bänder in den Tanz integriert werden. Diese dürfen vom Hund getragen oder apportiert werden.
Futterhilfen im Ring sind verboten.
Es darf keine Distanzarbeit gezeigt werden.
Hund und Hundeführer dürfen nicht mehr als 1,2 m voneinander entfernt sein (außer im Paartanz).
Alle Elemente müssen am »Fuß« oder in »Front« gezeigt werden.
»Heelwork« (Fußlaufen) vorwärts, rückwärts, seitlich, rechts, links.
Die Schritte des Hundeführers müssen dem Takt der Musik angepasst sein.

Klasse:
Mindestalter der Hunde 12 Monate
1 Hundeführer/1 Hund
Musiklänge: 3–4 Minuten
ohne Leine

Disqualifikation:
Verlassen des Rings
Versäubern im Ring
Futterhilfe
Zu lange oder zu kurze Musik (+/- 15 Sekunden sind erlaubt)

Jegliches Bestrafen des Hundes
Unerlaubte Distanzarbeit

Richterbewertung für Freestyle Dog Dancing und Heelwork to music

BEURTEILUNGEN UND BEWERTUNGEN VON 4 RICHTERN:
2 Richter für den technischen Teil,
2 Richter für den künstlerischen Eindruck

BEWERTUNG FÜR TECHNIK:
HÖCHSTE PUNKTZAHL: 10

1. Anzahl der Figuren, Gehalt und Darbietung:
   3 PUNKTE
2. Ausführung sämtlicher Figuren von Hundeführer und Hund:
   2 PUNKTE
3. Fließender Übergang von einer Figur zur anderen bei Hund und Hundeführer:
   2,5 PUNKTE
4. Schwierigkeitsgrad der Darbietung:
   2,5 PUNKTE

BEWERTUNG FÜR KÜNSTLERISCHEN EINDRUCK:
HÖCHSTE PUNKTZAHL: 10

1. Motivation, Bewegung, Aufmerksamkeit und Harmonie von Hund und Hundeführer:
   2,5 PUNKTE
2. Qualität und Kreativität der Choreografie:
   2 PUNKTE
3. Ringflächenausnutzung
   1,5 PUNKTE
4. Koordination der Darbietung mit der Musik, Interpretation der Musik:
   1,5 PUNKTE
5. Zur Musik und Darbietung passende Kleidung :
   1,5 PUNKTE
6. Applaus vom Publikum:
   1 PUNKT

Der Durchschnitt beider Richternoten im »technischen Teil« und der Durchschnitt beider Richternoten vom »künstlerischen Eindruck« werden zusammengezählt und dies ergibt die Endnote!
Das Team muss bewertet werden!
Die Bewertung wird sofort nach der Darbietung mit einer Nummernanzeige analog (»Obedience«) bekannt gegeben. Die Richter sitzen an der Ringseite mit Blick zum Publikum. Die erste Note ist für den »technischen Teil«, die zweite Note für den »künstlerischen Eindruck«.

Fly und Nicole beim Tanz

Service

Service

▸ Danksagung

Für die freundliche Unterstützung bei der Erstellung des Manuskriptes bedanke ich mich recht herzlich bei meiner Mutter Heike Weber.
Selbstverständlich auch vielen Dank an meinen Vater Wolfgang Weber und meinen Verlobten Andreas Gärtner, die mich in meinem Hobby tatkräftig unterstützen. Danke auch an die Firma CAL in DA/Arheiligen, die mir für mein Hobby Urlaub gewähren. Besonderst danke ich auch meinen Hunden Fly, James, Mandy, Chill, BJ, Gin, Yashico, Daphne und Buster, die mich auf diese Sportart gebracht haben und mir sehr viel Freude bereiten.
Vielen Dank an Dr. Prof. Günter der mich besonders in meiner Anfangszeit von Dog Dancing tatkräftig mit Informationen unterstützte.

▸ Zum Weiterlesen

Hundeerziehung:

Führmann, Petra und Nicole Hoefs: Erziehungsspiele für Hunde. Kosmos, Stuttgart 2002.

Hoefs, Nicole und Petra Führmann: Das Kosmos Erziehungsprogramm für Hunde. Kosmos, Stuttgart 1999.

Pietralla, Martin: Clickertraining für Hunde. Kosmos, Stuttgart 2000.

Pietralla, Martin: Clickertraining Hunde – für unterwegs. Kosmos, Stuttgart 2004.

Pietralla, Martin und Barbara Schöning: Clickertraining für Welpen. Kosmos, Stuttgart 2002.

Winkler, Sabine: Hundeerziehung. Kosmos, Stuttgart 2000.

Hundeverhalten:

Abrantes, Roger: Hundeverhalten von A–Z. Kosmos, Stuttgart 2004.

Coren, Stanley: Die Geheimnisse der Hundesprache. Kosmos, Stuttgart 2002.

Feddersen-Petersen, Dorit: Hundepsychologie. Kosmos, 2004.

Schöning, Barbara: Hundeverhalten. Kosmos, Stuttgart 2002.

Gesundheit:
Lausberg, Frank: Erste Hilfe für den Hund. Kosmos, 1999.

Lausberg, Frank: Erste Hilfe für Hunde – für unterwegs. Kosmos, Stuttgart 2003.

Narath, Elke: Massage für Hunde. Kosmos, Stuttgart 2004.

Zum Ansehen:
Weber, Nicole: Dog Dancing – Das Video. Beziehbar über: www.dogdancing.de .

Nützliche Adressen

Deutscher Hundesport-verband e.V. (dhv)
Gustav-Sybrecht-Straße 42
44563 Lünen
Tel.: 0231/8780 10
Fax: 0231/8780 122

Verband für das Deutsche Hundewesen e.V. (VDH)
Westfalendamm 174
44141 Dortmund
Tel.: 0231/565000
Fax: 0231/592440
Info@vdh.de
www.vdh.de

Österreichischer Kynologenverband (ÖKV)
Johann-Teufelgasse 8
A-1238 Wien
Tel.: 0043/18887092
oder: 0043/18887093
Fax: 0043/1889 2621
www.oekv.telecom.at/hund

Schweizerische Kynologische Gesellschaft (SKG)
Länggasstr. 8
CH-3001 Bern
Tel.: 0041/313015819
Fax: 0041/3130 20215
Skg.scs@bluewin.ch

Register

Bildnachweis

Farbfotos von Christa Günter (1: S. 4), Thomas Höller (1: S. 26 unten), Christof Salata/Kosmos (28: S. 7, 9 beide, 10, 12, 13 beide, 18 beide, 19 beide, 26 oben, 30, 31 alle drei, 33, 34 beide, 35 unten, 36, 38 beide, 39, 54, 55 alle drei), Ute Valentin (2: S. 113, 115) und alle übrigen 117 Aufnahmen von Karl-Heinz Widmann/Kosmos.
7 Farbzeichnungen von Wolfgang Lang nach Skizzen der Autorin.

Impressum

Umschlag von Atelier Reichert
unter Verwendung von 3 Farbfotos von Karl-Heinz Widmann/Kosmos.

Mit 162 Farbfotos und 7 Farbzeichnungen.

Bibliografische Information Der Deutschen Bibliothek
Die Deutsche Bibliothek verzeichnet diese Publikation in der Deutschen Nationalbibliografie; detaillierte bibliografische Daten sind im Internet über http://dnb.ddb.de abrufbar.

Alle Angaben in diesem Buch erfolgen nach bestem Wissen und Gewissen. Sorgfalt bei der Umsetzung ist indes dennoch geboten. Der Verlag und die Autorin übernehmen keinerlei Haftung für Personen-, Sach- oder Vermögensschäden, die aus der Anwendung der vorgestellten Materialien und Methoden entstehen könnten.

Gedruckt auf chlorfrei gebleichtem Papier

ISBN 3-440-09735-8
Redaktion: Alice Rieger
Grundlayout: eSTUDIO CALAMAR
Herstellung: Markus Schärtlein /Kirsten Raue
Printed in Czech Republic / Imprimé en République tchèque

PraxisWissen Hund

Die Ratgeber mit dem großen Service

Weitere Titel aus der Reihe PraxisWissen Hund:

- Agility
- Berner Sennenhund
- Bullterrier
- Cairn Terrier
- Dackel
- Deutsche Dogge
- Deutscher Schäferhund
- Dobermann
- Entlebucher Sennenhund
- Erste Hilfe für den Hund
- Hovawart
- Hundeernährung
- Hundeerziehung
- Hundehaltung
- Hundekrankheiten
- Hundeverhalten
- Hundesprache
- Jack Russell Terrier
- Labrador Retriever
- Massage für Hunde
- Mischlinge
- Neufundländer
- Riesenschnauzer
- Rottweiler
- So sag ich's meinem Hund
- Tierheimhund und Streuner
- Westie
- Zwergschnauzer

Becker/
Thiele-Schneider
Golden Retriever

ISBN 3-440-07807-8

Viviane Theby
Hundeschule

ISBN 3-440-09092-2

Jedes Buch mit
124 S., ca. 100 Abb.,
gebunden

Je € 12,90
€/A 13,30; sFr 22,60
Preisänderung vorbehalten

www.kosmos.de

Die Reihe wird fortgesetzt

InfoLine

Nicole Weber

Nicole Weber ist in einer hundebegeisterten Familie aufgewachsen. Bereits mit 11 Jahren absolvierte sie die ersten Begleit- und Fährtenhundprüfungen, mit 12 bekam sie ihren ersten Hund »Fly«. Innerhalb kürzester Zeit beherrschte Fly alle Tricks, die Kommissar Rex im Fernsehen zeigt. Die beiden verbrachten viel Zeit auf Agility- und Obedience-Turnieren, bis Nicole Weber 1999 Dog Dancing entdeckte. Seitdem reist sie mit ihren Hunden Fly und James durch ganz Deutschland, um auf internationalen Veranstaltungen und Turnieren zu tanzen.

Heike Weber

Heike Weber hat ihre Tochter beim Schreiben dieses Buches tatkräftig unterstützt. Unter der Woche führt sie ein neunköpfiges Hunderudel, mit fünf eigenen Border Collies, zwei Berner Sennenhunden und Nicoles beiden Hunden. Sie ist ehrenamtlich als Hundeausbilderin tätig und für die Grundausbildung verantwortlich. Sie tritt aber auch mit Nicole bei Paartänzen auf.

Sie können sich mit Ihren Fragen und Problemen an Nicole und Heike Weber wenden. Schreiben Sie an die »Hunde-Infoline« (bitte mit Rückporto):

Kosmos-Verlag
»Hunde-InfoLine«
Postfach 10 60 11
D-70049 Stuttgart